Manual do Líder Criativo

Universo dos Livros Editora Ltda.
Rua do Bosque, 1589 – Bloco 2 – Conj. 603/606
Barra Funda – Cep: 01136-001 – São Paulo/SP
Telefone/Fax: (11) 3392-3336
www.universodoslivros.com.br
e-mail: editor@universodoslivros.com.br
Siga-nos no Twitter: @univdoslivros

DAMRONG PINKOON

Manual do Líder Criativo

São Paulo
2014

UNIVERSO DOS LIVROS

Copyright © 2014 by Damrong Pinkoon Company Limited
www.facebook.com/ Damrong Pinkoon

© 2014 by Universo dos Livros
Todos os direitos reservados e protegidos pela Lei 9.610 de 19/02/1998.

Nenhuma parte deste livro, sem autorização prévia por escrito da editora, poderá ser reproduzida ou transmitida, sejam quais forem os meios empregados: eletrônicos, mecânicos, fotográficos, gravação ou quaisquer outros.

Diretor editorial
Luis Matos

Editora-chefe
Marcia Batista

Assistentes editoriais
Aline Graça
Rafael Duarte
Rodolfo Santana

Tradução
Gabriela Grecca

Preparação
Mariane Genaro

Revisão
Viviane Zeppelini

Projeto gráfico
Damrong Pinkoon

Arte e capa
Francine C. Silva
Valdinei Gomes

Dados Internacionais de Catalogação na Publicação (CIP)
Angélica Ilacqua CRB-8/7057

P725m
    Pinkoon, Damrong
    Manual do líder criativo / Damrong Pinkoon; tradução de Gabriela Grecca. — São Paulo: Universo dos Livros, 2014.
    240 p. : il., color.

    ISBN: 978-85-7930-742-3
    Título original: Creative Management

    1. Liderança 2. Administração 3. Negócios I. Título
    II. Grecca, Gabriela

14-0560   CDD 658.4

Ficar *nervoso* ao fazer alguma coisa
Significa não **SABER ADMINISTRAR**

Sentir-se um *perdedor* ao realizar alguma ação
Significa **SER ADMINISTRADO**

Hesitar ao executar uma tarefa
Para iniciantes, significa **ADMINISTRAÇÃO**

Sentir-se *confiante* ao efetuar um trabalho
Significa ter muita experiência em **ADMINISTRAR**

Noções de supervisão de negócios

Uma pessoa estúpida geralmente é *ADMINISTRADA* por outras.

Uma pessoa comum geralmente *ADMINISTRA* outras.

Uma pessoa inteligente geralmente *SOLICITA* a quem trabalha com ela para *ADMINISTRAR* os outros.

Uma pessoa sábia conhece cada detalhe sobre *ADMINISTRAÇÃO*, tanto na *TEORIA* como na *PRÁTICA*.

Administração de Negócios

Aprenda sobre
MÉTODOS DE ADMINISTRAÇÃO

Para vir a ser
O MELHOR NA ADMINISTRAÇÃO

Antes de ser tornar
ADMINISTRADO POR OUTROS

O mundo das mudanças nos negócios

Em cada período, em cada era
O mundo dos negócios tem mudado cada vez mais rápido.

Da Antiguidade ➡ para a Revolução Agrícola ➡ levou 300 anos

Da Revolução Agrícola ➡ para a Era da Lavoura ➡ levou 200 anos

Da Era da Lavoura ➡ para a Era da Manufatura ➡ levou 100 anos

Da Era da Manufatura ➡ para a Revolução Industrial ➡ levou 100 anos

Da Revolução Industrial ➡ para a Era das Vendas ➡ levou 20 anos

Da Era das Vendas ➡ para a Era do Marketing ➡ levou 15 anos

Da Era do Marketing ➡ para a Era da Informação ➡ levou 15 anos

Da Era da Informação ➡ para a Era da Comunicação ➡ levou 10 anos

Da Era da Comunicação ➡ para a Era das Redes de Colaboração ➡ levou 5 anos

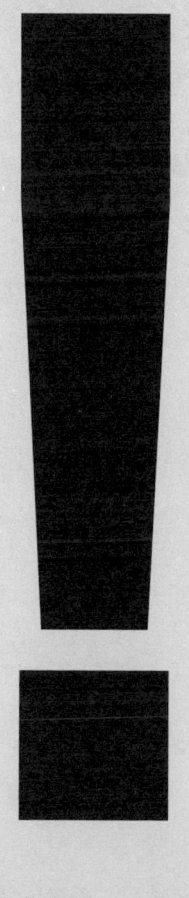

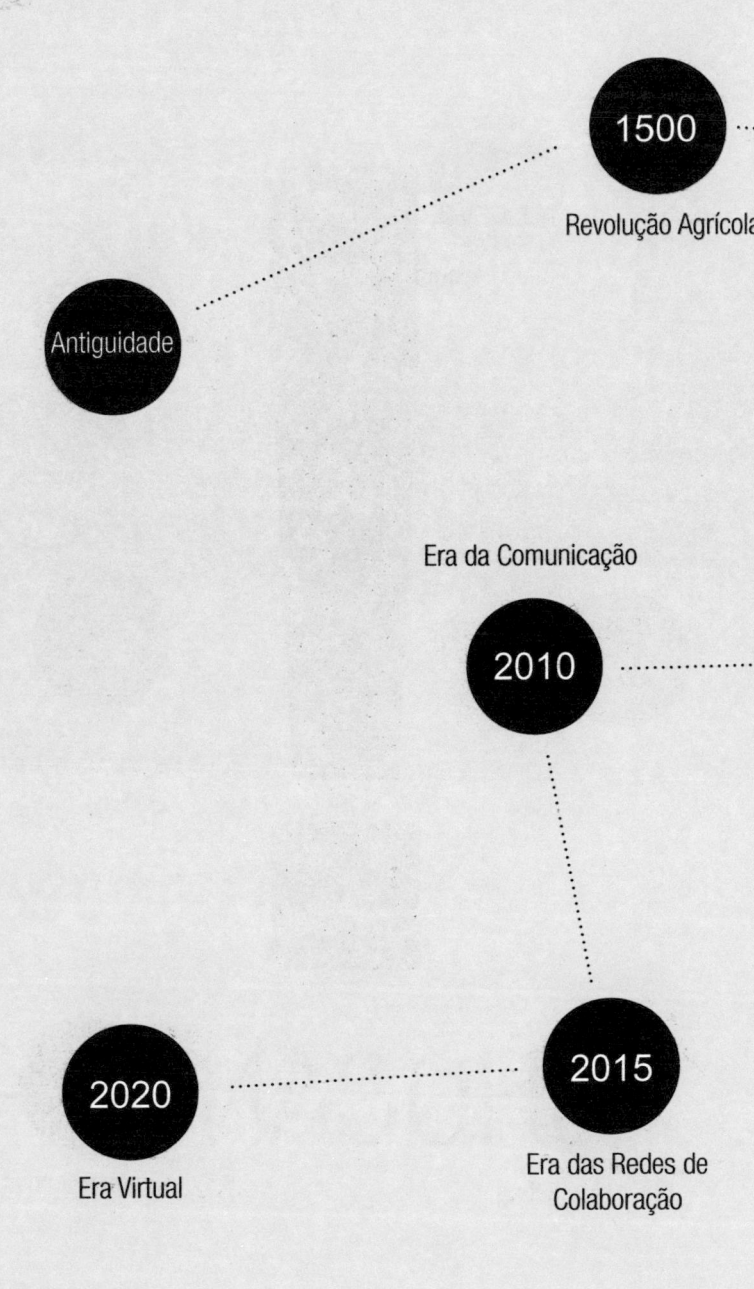

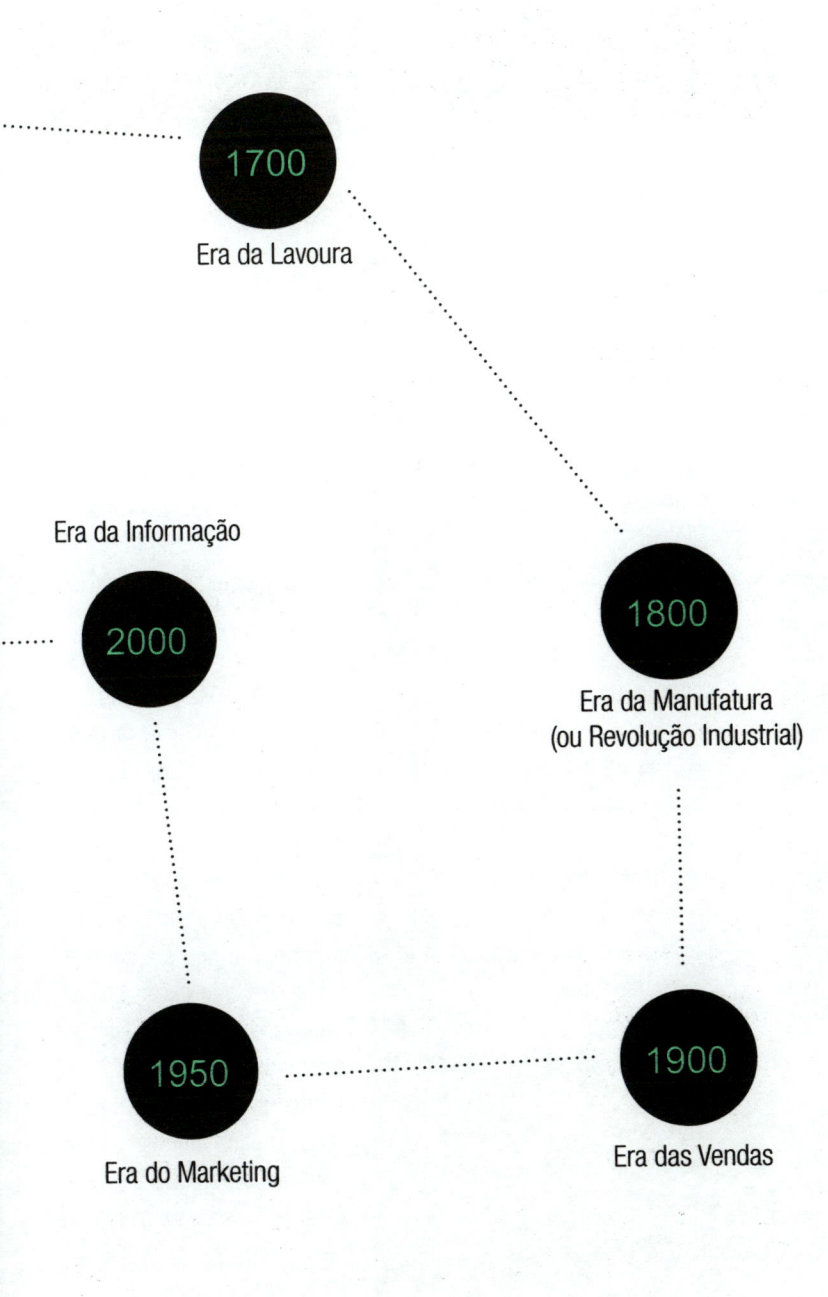

Antiguidade → Revolução Agrícola Antes de 1500 d.C.

A conduta de supervisão na Antiguidade era denominada **SOBREVIVÊNCIA**

1. O mais forte se tornava o LÍDER ou o SOBERANO.
2. A comunidade tinha o costume de crer em seres sobrenaturais como ninfas e deuses.
3. Tudo acontecia de acordo com os deuses e suas vontades. Isso justifica o porquê de os antigos não fazerem nada que ofendesse seus deuses.
4. Aqueles que temiam animais selvagens maiores do que eles decidiam lutar contra esses animais para sua própria sobrevivência, enquanto os covardes fugiam.

Por volta dessa época, ao formarem pequenos grupos, as pessoas podiam se proteger melhor. Então, podiam caçar e cultivar. Mas sem as habilidades de sobrevivência, mesmo tendo aprendido sobre agricultura, ainda precisavam pular refeições devido à necessidade de se deslocarem sempre que um desastre natural acontecia. Isso incluía invernos congelantes e, às vezes, inundações, já que vários grupos viviam abaixo do nível do mar. Para evitar esses desastres, as pessoas criavam rituais para satisfazer os deuses, já que os temiam e achavam que, se os insultassem, eles causariam catástrofes naturais. E não era somente nesse período que o homem tentava encontrar explicações sobrenaturais para desastres como chuva, tempestades, raios, secas, tufões e inundações. Isso percorre todas as eras. As pessoas simplesmente concluíam: "Os deuses lá em cima estão furiosos com algo", e por isso reveses aconteciam.

Era da Lavoura
1700 d.C.

Nesse momento, o homem realmente passou a entender o cultivo: como e quando plantar e como aproveitar melhor a força dos animais. As fazendas se tornaram o esteio da sociedade e a maioria das pessoas possuía ou trabalhava em uma, já que era o melhor lugar para alimentar suas famílias.

Uma vez que começou a produzir comida suficiente para o próprio consumo, o homem se tornou apto a negociar os produtos remanescentes por outros, como galinha, arroz e também a trocar alimentos por dinheiro. Cada família destacava-se com algum produto, de modo que se tornavam especialistas naquilo que produziam.

Revolução Industrial
1800 d.C.

Após os grupos terem dominado como produzir seus produtos, a demanda por eles aumentou e muito rapidamente os abastecimentos se esgotaram. Eles precisavam fornecer de acordo com a procura, e então precisaram de um sistema que pudesse produzir artefatos tão rápido quanto as pessoas os solicitassem. Se conseguissem corresponder às demandas do mercado com seus fornecimentos, eles poderiam obter um retorno econômico maior. Depois de a economia da nação ter se desenvolvido para um padrão mais elevado, os homens de negócios introduziram as LINHAS DE MONTAGEM, um método no qual cada pessoa, em sua estação de trabalho, era especialista em uma das partes da produção, permitindo que as fábricas produzissem mais em um período menor.

Era das Vendas
1900 d.C.

Conforme a produção se industrializava, o volume de produtos crescia rapidamente. Algumas vezes o número de suprimentos era muito maior do que havia sido demandado. Dessa forma, os industriais tiveram a ideia de promovê-los por meio da publicidade (*merchandise*). Sendo assim, eles poderiam produzir e distribuir seus produtos tendo com isso lucro e a possibilidade de manter seus operários em seus respectivos empregos.

Era do Marketing
1950 d.C.

Quando todo fabricante e toda organização já haviam criado canais de distribuição para propagar seus produtos com o máximo de lucro possível, o próximo passo seria permitir que os estabelecimentos vendessem mais. Os planejamentos de marketing eram baseados em processos mentais e pesquisas sobre o comportamento dos consumidores. Os responsáveis foram aprendendo como seu público-alvo pensava e traçavam estratégias visando a esse público. Assim, capacitaram-se em convencer as pessoas a pagarem por seus produtos.

Era da Comunicação
2000 d.C.

Após os marqueteiros terem aprendido sobre as necessidades dos consumidores, o próximo passo seria conquistar mais deles e fazê-los entender do que se tratavam as marcas que eles estavam tentando vender. O conceito de comunicações de marketing se refere a usar os meios de comunicação em sua plenitude.

Era das Redes de Colaboração
2010 d.C.

Nessa nova era, é possível que todos se comuniquem por intermédio de uma variedade de tecnologias. Os consumidores começaram a requerer mais informações de uma série de produtos e serviços. Graças às novas tecnologias, milhões de inovações aconteceram no mundo cibernético e na internet. As redes sociais passaram a existir e possibilitaram a transferência direta de informação de pessoa para pessoa em uma escala massiva. A maioria das pessoas pensava que a empresa ou aquele que detivesse o maior número de informações seria vencedor(a), porém, na realidade, todos nós só precisamos da informação certa para vencer.

Nosso mundo está mudando *mais rápido*… e *mais rápido*… e *mais rápido*. Tudo é realmente *rápido*.

Precisamos nos educar e nos surpreender por tudo que está acontecendo.

Quando aprederemos...
O que é **Administração** ???

> *Muitos fazem negócios; alguns falham ou não obtêm sucesso. O que houve? Por quê?*

a) Falharam e desistiram
b) Falharam e passaram a rezar
   (persistindo miseravelmente em seus negócios)
c) Colocaram a culpa nos pais, parentes, primos, localização e deram muitas outras desculpas
d) Ficaram se perguntando "Por que sou tão azarado?"
   (os deuses da fortuna não estão ao meu lado)
e) Contaram para suas mães
f) Todas estão corretas

ADMINISTRAÇÃO

Aperte o botão para ligar a **Administração**.

DAMRONG **PINKOON**

**Nosso mundo
está mudando
mais rápido...
e mais rápido...
e mais rápido**

E o que devemos fazer, então?

INSTINTO ≠

Algumas pessoas realmente não precisam aprender sobre administração, pois elas não saberiam como aplicá-la. Elas não se dão conta de que deveriam usá-la em seus negócios. Se precisassem ser bem-sucedidas, deveriam pôr na cabeça que isso é fácil – tão fácil que outros já o fizeram. Mas é provável que continuem fazendo algo sem saber que o que estavam praticando era errado. E, sem surpresa, falhariam novamente.

ADMINISTRAÇÃO

É importante saber sobre **ADMINISTRAÇÃO** porque precisamos utilizá-la em nossos negócios se quisermos ser **bem-sucedidos**. Se você for de uma família rica, pode se surpreender com o aprendizado. Se você já falhou o bastante, pode ter ganhado experiência e melhorado. Se você não é de família rica, pode saber a respeito possuindo alguns bons livros. Se ainda assim não entender, ao menos pode usá-los como cama nos tempos difíceis.

INSTINTO ≠

Fazer as coisas e consertá-las.
Fazer as coisas e parar para pensar.
Cansado de reparar as coisas?
Nunca se interessou por Administração?
Aprendeu, mas nunca soube de verdade
como utilizar esse conhecimento.
Prefere falhar a evoluir.
Nunca admite que sempre há como melhorar.
O copo está meio cheio ou meio vazio?
Pensa incorretamente e erra.
Pensa corretamente, mas acaba errando de novo.

ADMINISTRAÇÃO

Planeje-se antes de agir.

Pense antes de agir.

Aprecie os planos.

Aprenda a administrar.

Aprenda e, então, saiba utilizar

aquilo que aprendeu.

Não admita o fracasso se houve melhoria.

Admita a necessidade de autoaperfeiçoamento.

O copo está meio cheio.

Pense corretamente e acerte.

Pense corretamente e acerte em cheio.

Um líder
que usa seus **instintos** ≠

possui emoções

que variam de hora para hora

e, sem nenhum objetivo verdadeiro, acha fácil no começo

até tempos difíceis surgirem posteriormente.

Faz coisas estúpidas, mas não admite.

Nunca aprende coisas novas

e se torna ainda mais estúpido.

Indulgente de tanto ter falhado.

Resolve problemas, resolve problemas,

resolve problemas!

Tentou e falhou, tentou e falhou,

tentou e falhou, e se tornou indulgente.

Um líder
que usa a administração

com muito raciocínio e com ambições claras,
tem certeza daquilo que faz.
Prefere fazer todo o trabalho duro logo no início,
para pegar leve depois.
Inteligente, mas é um eterno aprendiz,
pois reconhece que tem muitas coisas novas para aprender.
Esperto e cada vez mais sensato,
chuta e acerta de cara devido à sua prática.
Planeje, aja, aperfeiçoe-se e seja o mais sagaz.

Um administrador é aquilo que qualquer um pode ser.

Um bom administrador é somente **um** em cada mil.

Memorizar dez mil livros

não vale tanto a pena quanto recordar
mil livros.

Recordar mil livros
não vale tanto a pena quanto compreender
cem livros.

Compreender cem livros
não vale tanto a pena quanto aplicar
dez livros à sua vida.

Aplicar dez livros à vida
não vale tanto a pena quanto colocar em prática
um livro em uma situação na vida real.

Colocar em prática um livro em uma situação na vida real
não vale tanto a pena quanto uma única frase de **um homem sábio.**

O estágio inicial da Administração

Administração

na *Antiguidade*	= **Sobrevivência**
na *Revolução*	= **Disputa**
na *Era da Manufatura*	= **Criação**
na *Revolução Industrial*	= **Quantificação**
na *Era das Vendas*	= **Distribuição**
na *Era do Marketing*	= **Entender o cliente**
na *Era da Comunicação*	= **Informação**
na *Era das Redes de Colaboração*	= **Agilidade**

Introdução à Administração

1. 4 centros: pontos-chave para a Administração de Negócios

Planejando Estratégias em uma Organização

2. 3 planos: pontos-chave para o Planejamento da Administração

Planejando o Módulo de Negócios

3. 5E: Administração na Ásia

A Administração de Negócios na Ásia

4. Liderança na Administração

Líderes Administrativos

5. A chave do sucesso para a Administração

O Coração da Administração de Negócios

Conteúdo

1. APO: **Administração** por Objetivo — Página 66

2. Teoria da Administração — Página 98

3. Recursos **administrativos** — Página 128

4. Como administrar uma organização? — Página 170

5. Resultados da **Administração** — Página 186

6. Estrutura Organizacional — Página 192

7. Administração **Inovadora** — Página 218

8. Qualidade da **Administração** — Página 226

4 centros

pontos-chave para a
ADMINISTRAÇÃO DE NEGÓCIOS

4C
As habilidades centrais da Administração
já estão estabelecidas para vencer a concorrência

- Negócio **CENTRAL**
- Produto **CENTRAL**
- Valor **CENTRAL**
- Competência **CENTRAL**

NEGÓCIO central

Nosso negócio central é o que precisamos aprender e compreender antes de iniciar um projeto. Aqueles que falharam geralmente tentaram fazer tudo e saber de tudo, exceto qual era a "chave do sucesso para o negócio principal". Não precisamos saber tudo; apenas necessitamos entender qual é o centro dos nossos negócios e nosso objetivo em relação aos clientes.

NEGÓCIO
CENTRAL

COMPETÊNCIA
CENTRAL

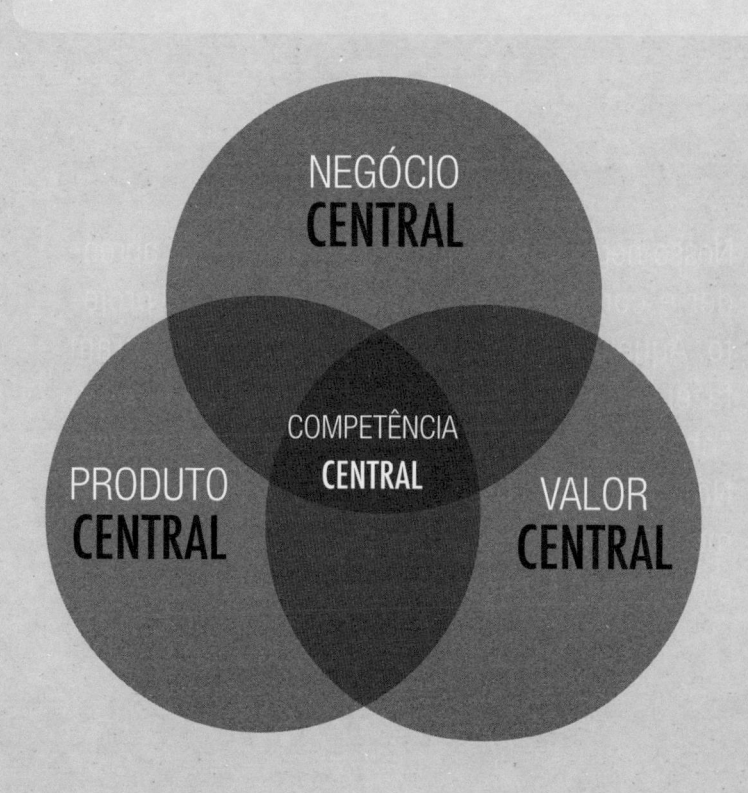

PRODUTO
CENTRAL

VALOR
CENTRAL

PRODUTO central

Qual é o nosso produto central, o que devemos fazer com ele e com o produto secundário? A resposta é: devemos fazer aquilo que permitirá o produto central ser vendável e que o tornará necessário ao mercado; isso é o que o empresário precisa entender. Tudo gira em volta da criação de valor para o produto e de deixar os clientes conscientes disso.

- COMPETÊNCIA **CENTRAL**
- VALOR **CENTRAL**
- PRODUTO **CENTRAL**
- NEGÓCIO **CENTRAL**

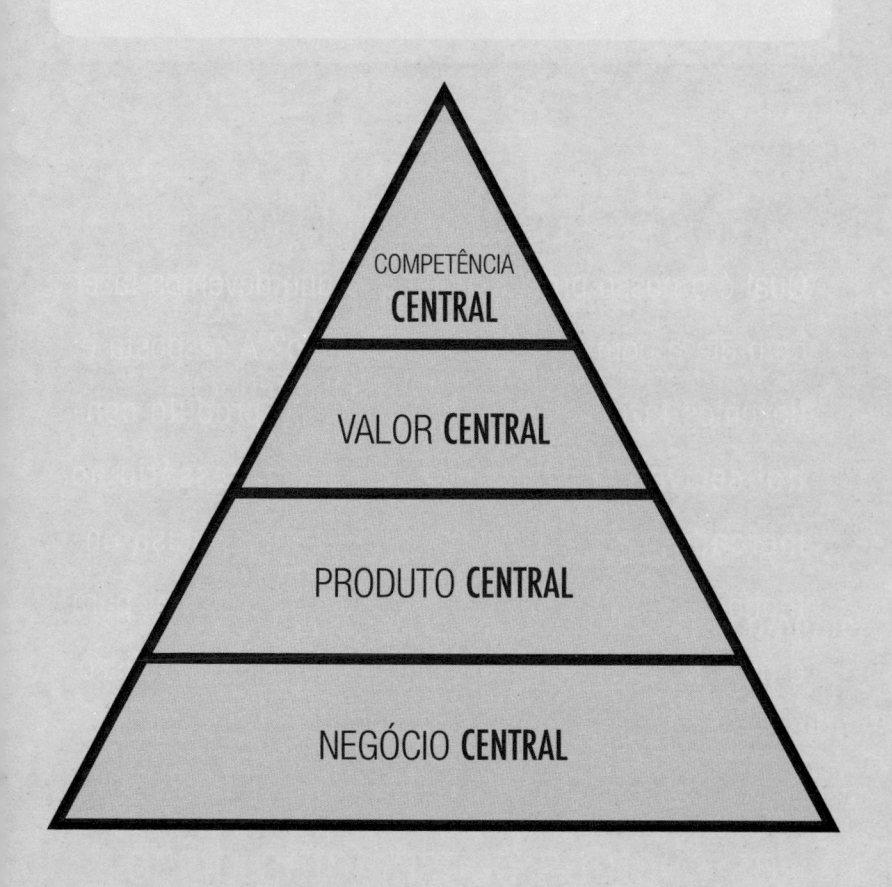

VALOR CENTRAL

Qual é o nosso negócio central? O que ele significa para os clientes? O negócio central pode criar seu próprio valor para os clientes. Valor central pode até soar abstrato, mas os donos podem produzir valor com suas próprias mãos e também tornar os clientes conscientes disso.

```
COMPETÊNCIA CENTRAL
        ↑
   VALOR CENTRAL
        ↑
  PRODUTO CENTRAL
        ↑
  NEGÓCIO CENTRAL
```

COMPETÊNCIA CENTRAL

Ao compreendermos nosso negócio central, será possível, então, criar um produto central do qual os clientes gostem. Se já criamos a consciência do valor central, o próximo passo é focar na competência central ou, em outras palavras, ser profissional em todas as competições. Isso nos destacará de nossos concorrentes.

COMPETÊNCIA **CENTRAL**

Os profissionais sempre vencem

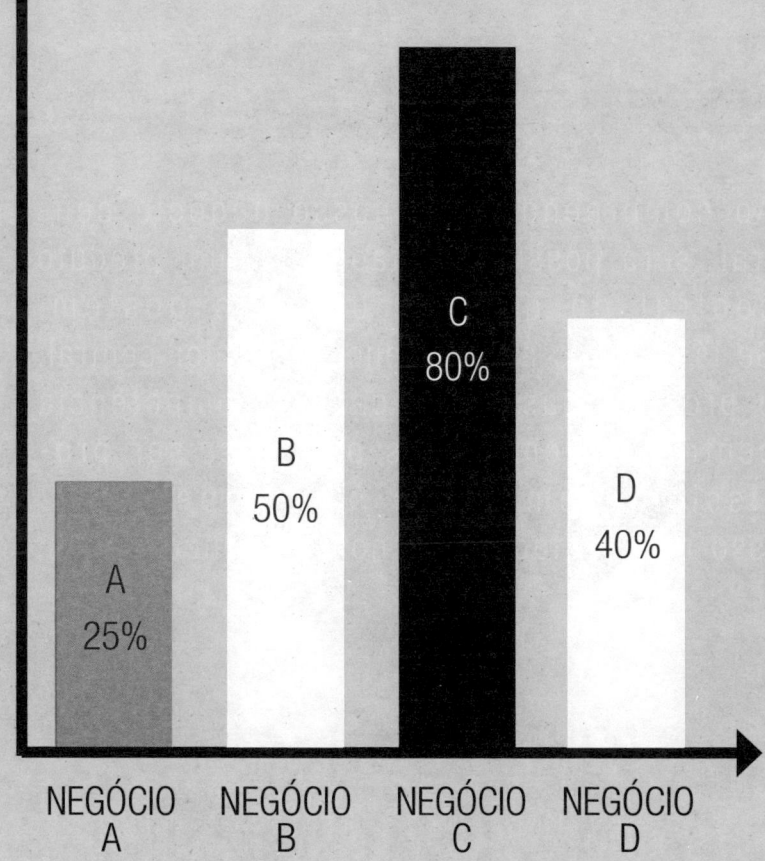

		C 80%	
	B 50%		D 40%
A 25%			
NEGÓCIO A	NEGÓCIO B	NEGÓCIO C	NEGÓCIO D

DAMRONG PINKOON

3P

PONTOS-CHAVE para o
PLANEJAMENTO DA ADMINISTRAÇÃO

PLANEJAMENTO DE ESTRATÉGIAS
Traçando estratégias de negócios

PLANEJAMENTO DE VISÕES
A visão de uma organização

PLANEJAMENTO DE MISSÕES
A missão de uma organização

PLANEJAMENTO DE ESTRATÉGIAS

PLANEJAMENTO DE ESTRATÉGIAS

Uma organização bem ou malsucedida depende de um planejamento estratégico ou, em outras palavras, **planejamento de cenário**. A etapa posterior do planejamento geral de uma organização é o que é feito pela gerência sênior. Os administradores devem ter a capacidade de planejar sabiamente e de detalhar cada aspecto; conseguir visualizar o panorama todo, em 360 graus. No mundo administrativo, o planejador estratégico que organiza o cenário sempre vencerá mesmo que a luta verdadeira ainda não tenha começado.

PLANEJAMENTO DE VISÕES

PLANEJAMENTO DE VISÕES
A visão de uma organização

A visão é a primeira coisa que o líder deve ter após cumprir o planejamento estratégico. O sucesso e o insucesso dependem tanto do planejamento de cenário quanto da visão do líder em relação ao futuro da empresa. A visão, por sua vez, depende de todos os envolvidos na organização, do alto executivo aos administradores intermediários, até chegar nos funcionários de outros níveis. Todos precisam escrever a visão principal da organização juntos, de forma que possam seguir a mesma direção de trabalho.

PLANEJAMENTO DE MISSÕES

PLANEJAMENTO DE MISSÕES
A missão de uma organização

Tudo que foi planejado antes desse estágio constitui a visão ou a atitude de uma empresa. O que vai fazer com que ela efetue sua visão é a **MISSÃO**. A fim de que a meta da organização se torne real, é importante detalhar sua visão em objetivos menores, como missões.

5E
ADMINISTRAÇÃO
NA ÁSIA

ENVOLVA-SE — Amar é algo que vai além de qualquer razão lógica; é o porquê das pessoas trabalharem OU trabalharem para outras. Envolver-se com o trabalho faz com que tudo pareça possível e da forma mais positiva.

EXPERIMENTE — A vida é a coisa mais preciosa que nós possuímos. Experimentamos coisas maravilhosas e a vida torna tudo ainda mais belo. A vida cria vidas e as vidas criam o amor.

ESTABILIZE-SE — A coisa que mais perdura nesta vida são os relacionamentos. Mesmo que os tempos tenham mudado, os relacionamentos continuam os mesmos.

ELEVE-SE — Eleve sua mente; não existe status no processo de elevação mental. O homem nunca deixou de ser homem; nós somos diferentes apenas no âmbito econômico.

ELENQUE — Precisamos elencar aquilo que nós queremos realizar; é necessário reter aquilo que desejamos lembrar no futuro, conscientemente, para memorizar tudo.

Do que nós realmente precisamos ???

> Do que a empresa precisa?

O QUÊ ???
QUANDO ???
ONDE ???
POR QUÊ ???
QUEM ???
COMO ???

Precisamos descobrir?

DAMRONG PINKOON

MANUAL DO **LÍDER CRIATIVO**

Nosso mundo
está mudando
e mais rápido...
e mais rápido.

Temos necessidade de

UM
LÍDER

O líder

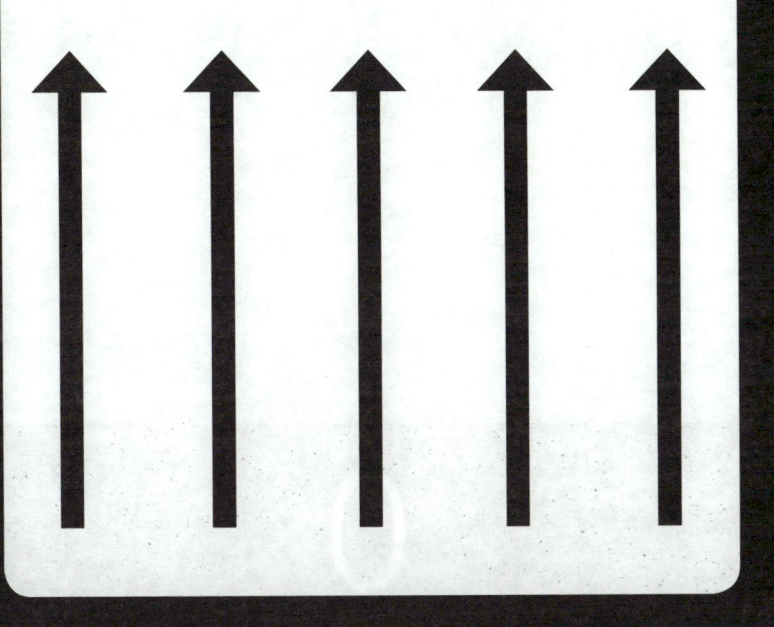

O líder fascista

É aquele que, com poder absoluto, consegue liderar um grupo ou uma equipe para seguir a mesma direção; às vezes pode funcionar, mas nem sempre. O poder absoluto pode ser utilizado em situações tensas, emergências, incidentes ou simplesmente quando problemas surgem. Quando a empresa está em estado crítico, esse líder ignora totalmente qualquer comentário de seus subordinados e usa seu poder absoluto. Porém, há muitas outras formas de lidar com os problemas.

O líder

O líder democrático

É aquele que consegue liderar um grupo ou equipe para a mesma direção ao escutar o que todos têm a dizer; às vezes funciona, mas nem sempre. O estilo democrático de Administração deve ser utilizado em circunstâncias comuns, sem emergências ou situações desnecessárias. Quando a empresa está em risco, não é possível escutar a todos porque as pessoas podem querer tomar seus direcionamentos por conta própria.

A chave para a Administração

A chave do sucesso de Administração de Negócios

DAMRONG PINKOON

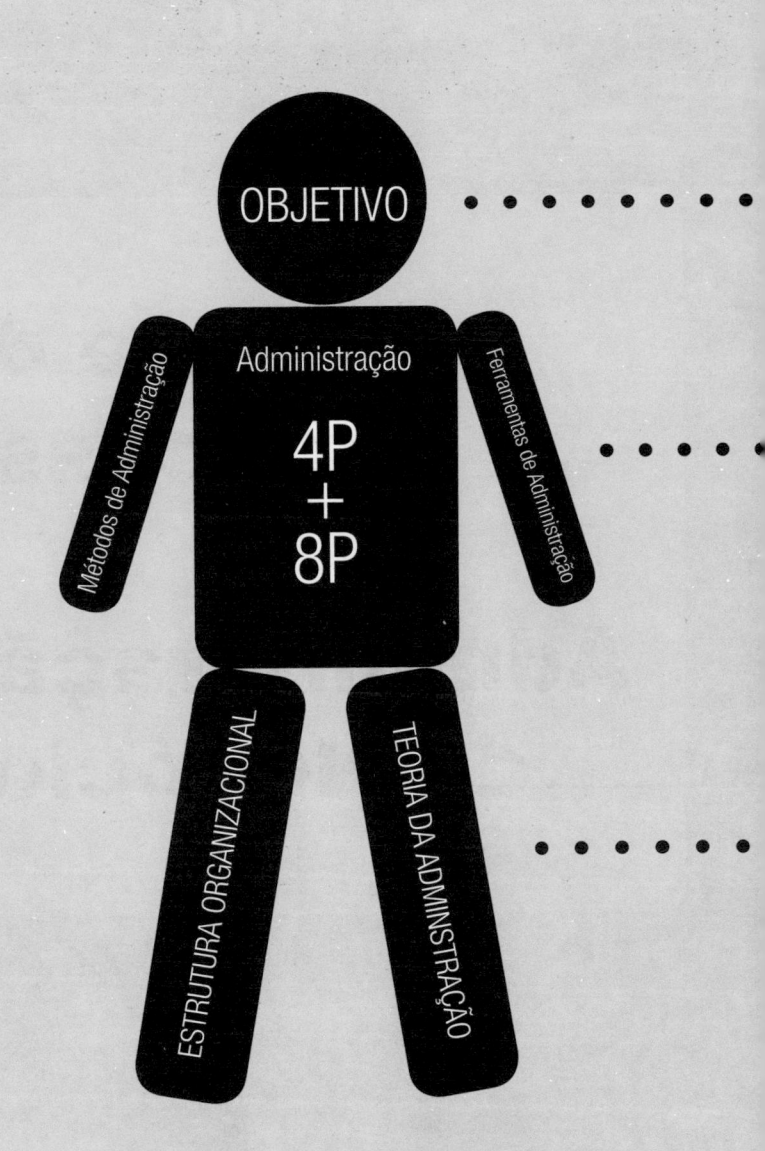

OBJETIVO

Administração

4P + 8P

Métodos de Administração

Ferramentas de Administração

ESTRUTURA ORGANIZACIONAL

TEORIA DA ADMINSTRAÇÃO

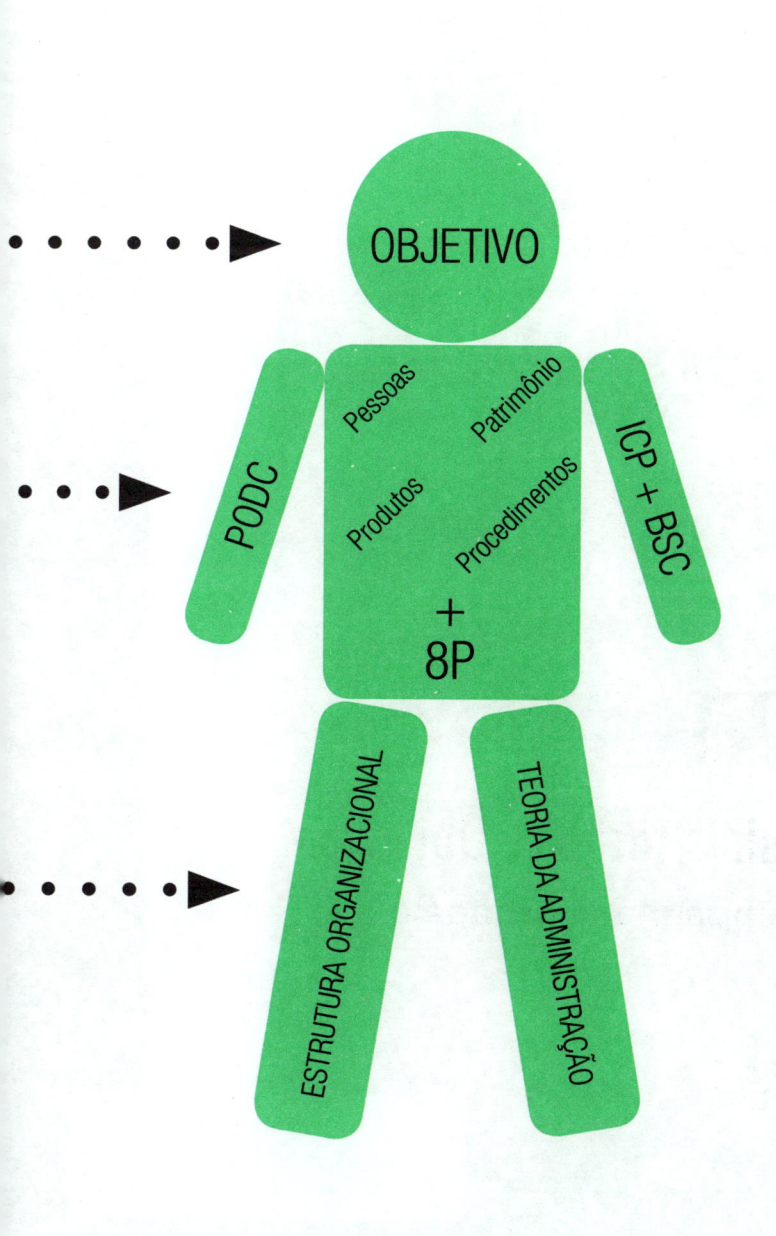

OBJETIVO

- PODC
- Pessoas
- Patrimônio
- Produtos
- Procedimentos
- ICP + BSC
- + 8P
- ESTRUTURA ORGANIZACIONAL
- TEORIA DA ADMINISTRAÇÃO

DAMRONG PINKOON

APO
Administração por **Objetivos**
(Acompanhe a jornada)

Administração **Superior**

APO
Administração por Objetivo

API
Administração por Inovação

Administração **Intermediária**

APM
Administração pelas Mãos

APP
Administração pelos Pés

Administração **Funcional**

APN
Administração por Normas

APQ
Administração por Queixas

Administração Superior

APO

Administração por Objetivo

(Acompanhe a jornada)

A Administração por Objetivo foi criada por Peter Drucker, em 1954

API

Administração por Inovação

(Reflita e crie algo novo, não copie nada de ninguém, para que você não definhe depois)

APO
Administração por Objetivo

Adminis-tração ●●●●●●●● ▶ Objetivo

As ideias

Administração por Objetivo – de acordo com o que a organização definiu com o **objetivo** de seus negócios, ele precisa, primeiramente, de um planejamento; em seguida, é necessário acompanhar a jornada que ele demonstrar seguir.

Assim como seguir um guia ou usar uma bússola, este método utiliza sua meta como ponto de partida. Dessa forma, podemos seguir com nossa jornada sem nos perdermos.

O **APO** possui dois caminhos
De cima para baixo & **De baixo para cima**

A

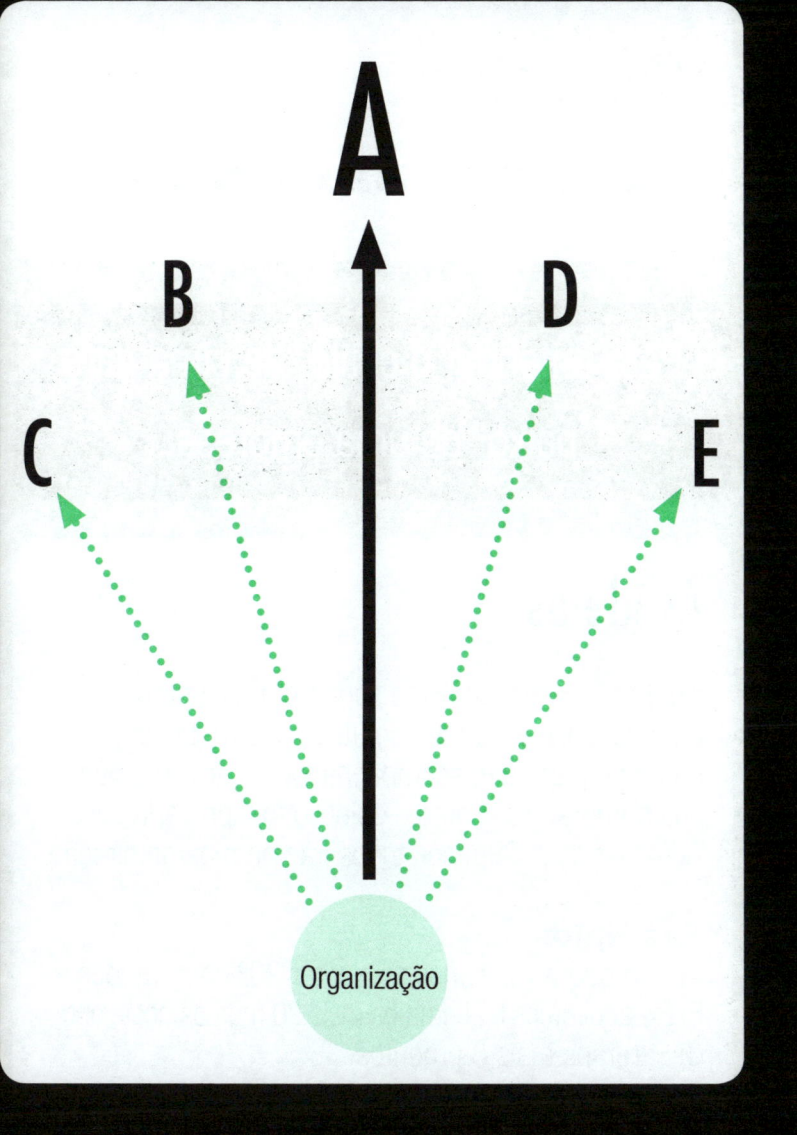

B   D

C   E

Organização

Objetivo:
de cima para baixo

Para entender o estilo "de cima para baixo" de uma empresa:

As ideias

Objetivo: Assim como seguir um guia ou usar uma bússola, esse método utiliza sua meta como ponto de partida e, acompanhando o caminho, não nos perderemos. Como o objetivo foi aprovado pela Administração Superior, todos irão na mesma direção.

Exemplo:
A) Ano que vem, vamos aumentar 20% das vendas
B) Expandiremos e abriremos mais 20 marcas neste ano
C) Faremos mais 8 produtos

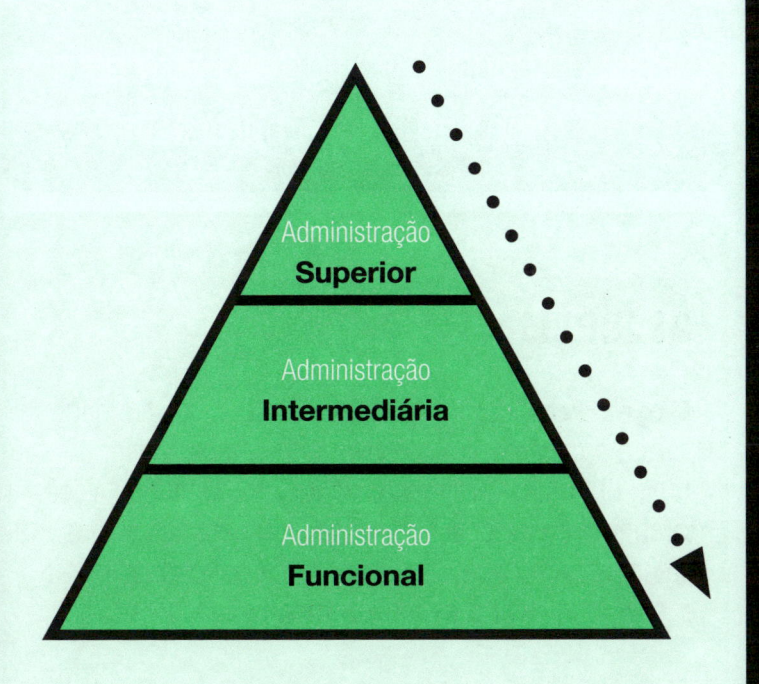

APO de cima para baixo

Administração
Superior

Administração
Intermediária

Administração
Funcional

Objetivo:
de baixo para cima

Para entender o estilo "de baixo para cima" de uma empresa:

As ideias

Objetivo: Criar um objetivo dando a oportunidade para a equipe participar ativamente na empresa. Tanto quanto o surgimento de ideias repentinas, você também poderá descobrir novas concepções vindas da equipe em cada departamento e em cada nível – e isso pode levar a desenvolvimentos inesperados.

A equipe administrativa precisa acreditar que todo empregado, de qualquer nível, tem talentos secretos e habilidade de expor esses talentos no momento certo.

APO de baixo para cima

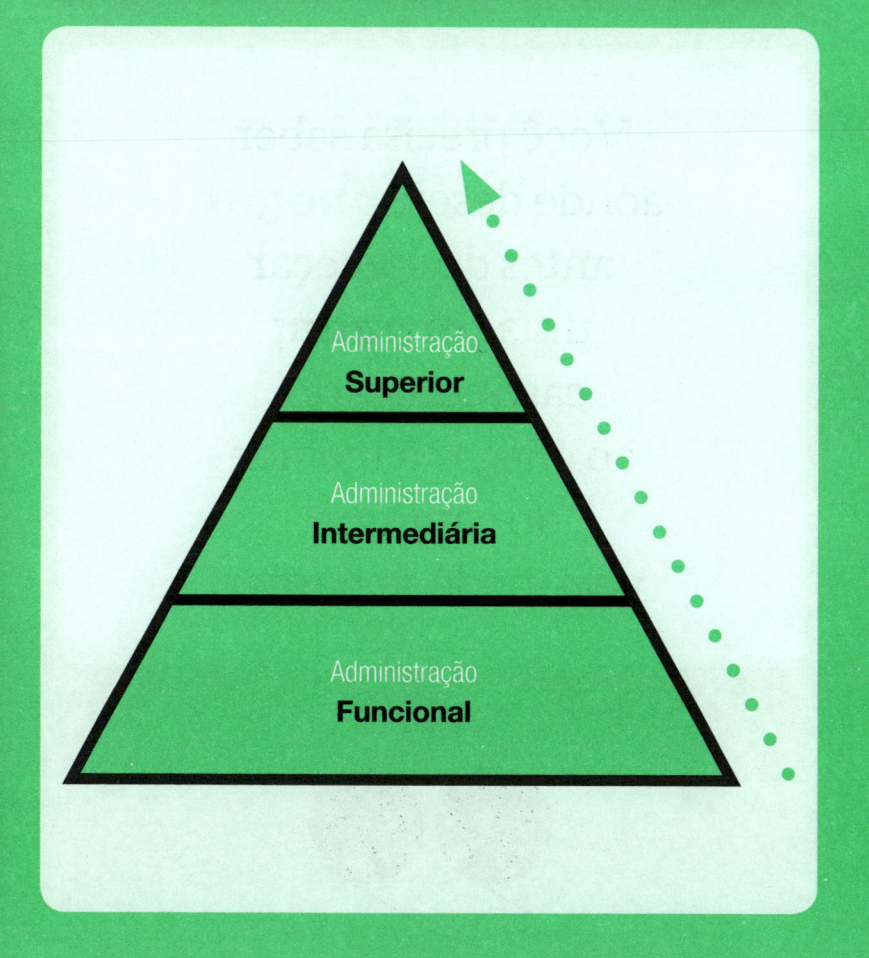

- Administração **Superior**
- Administração **Intermediária**
- Administração **Funcional**

> Você precisa saber
> aonde deseja **chegar**
> antes de começar
> uma **jornada;**
> caso contrário,
> ao chegar à metade
> do caminho,
> você pode se perder.

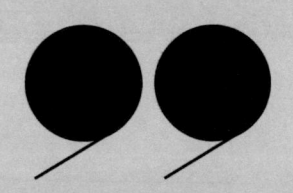

Nosso mundo está mudando cada vez mais rápido... e mais rápido... e mais rápido.

**Descubra
novas formas
de administrar**

API
Administração por Inovação

Administração — Inovação

As ideias

Administrar por intermédio da inovação, criando, de modos inesperados, novos conceitos de desenvolvimento de uma organização.

Ideias – um novo conjunto de ideias pode vir do setor de...

Administração Superior / Administração Intermediária / Administração Funcional / Vice-Presidência de Vendas / Vice-Presidência de Marketing / Direção dos Recursos Humanos / Contabilidade / Assistência de Escritório / Oficial de Manutenção / Faxina / Segurança / Mensageiro

Estratégia inovadora

Criar novas ideias para estabelecer uma **estratégia concorrente** significa quebrar as regras de um arcaico estilo de administração de negócios.

Existem dois tipos de expansão empresarial: **horizontal e vertical** com um cruzamento de indústrias que seus concorrentes não estarão esperando.

A expansão diversificada significa criar uma convergência entre as indústrias – e isso é uma estratégia inovadora.

Por exemplo, o grupo **Virgin** possui vários negócios: da alimentação aos meios de comunicação, e até mesmo seu próprio aeroplano.

Na Tailândia, o grupo Sirivadhanabhakdi (TCC) começou pela venda de bebidas alcoólicas e então expandiu para o ramo das propriedades, do comércio industrial e do agronegócio.

Produto **inovador**

Criação de um novo produto

para utilizá-lo como uma vantagem na competição. A estratégia de lançar um novo produto que seja inovador precisa ser totalmente moderna ou inédita.

Diferenciação

Diferentes tipos de produto podem ser modificados em diversos tamanhos, usos e benefícios.

Por exemplo, o **iPod, da multinacional Apple Inc.**, produziu uma nova sensação no ramo das músicas e na indústria de equipamentos digitais. Ele criou uma nova maneira de armazenar arquivos de música e transformou a forma como eles eram distribuídos, ao criar downloads e um mercado de música on-line (iTunes).

Depois disso, a companhia anunciou um novo produto – o iPhone, um celular multifuncional com milhões de aplicativos e outras capacidades.

Processo **inovador**

Criar um processo inovador
para ter vantagem sobre o concorrente é como realocar a estrutura do DNA: a empresa estará sob um sistema totalmente novo de administração.

Na maior parte das vezes, as mudanças ocorrerão quando a administração superior for trocada, dos antigos administradores para os novos. Os negócios mudarão para uma nova era: a era da mudança.

Hoje em dia, mesmo a Administração Superior não é mais a mesma, mas as informações necessárias podem vir dos antigos administradores. A questão é: a Administração Superior precisa ser audaciosa o suficiente para mudar.

CUIDADO

Quando há uma mudança administrativa, surgem dois tipos de grupo: os que irão aceitá-la e os que não irão. Para aqueles que não mudarão, precisamos utilizar o método da Administração inovadora para dar conta disso.

Administração **inovador**

A inovação de novos métodos de administração aumentará a qualidade do trabalho, e, quando a empresa for bem administrada internamente, o nível de competência será muito maior.

Quebrar as regras do antigo estilo de administração levará a uma administração inovadora. Quando esta se desenvolver para um nível profissional, poderemos vê-la como nosso auge gerencial.

Uma estratégia competente que se constrói dentro da organização, ou por meio de percepções administrativas, é chamada de

**Competência central
ou
Profissionalismo**

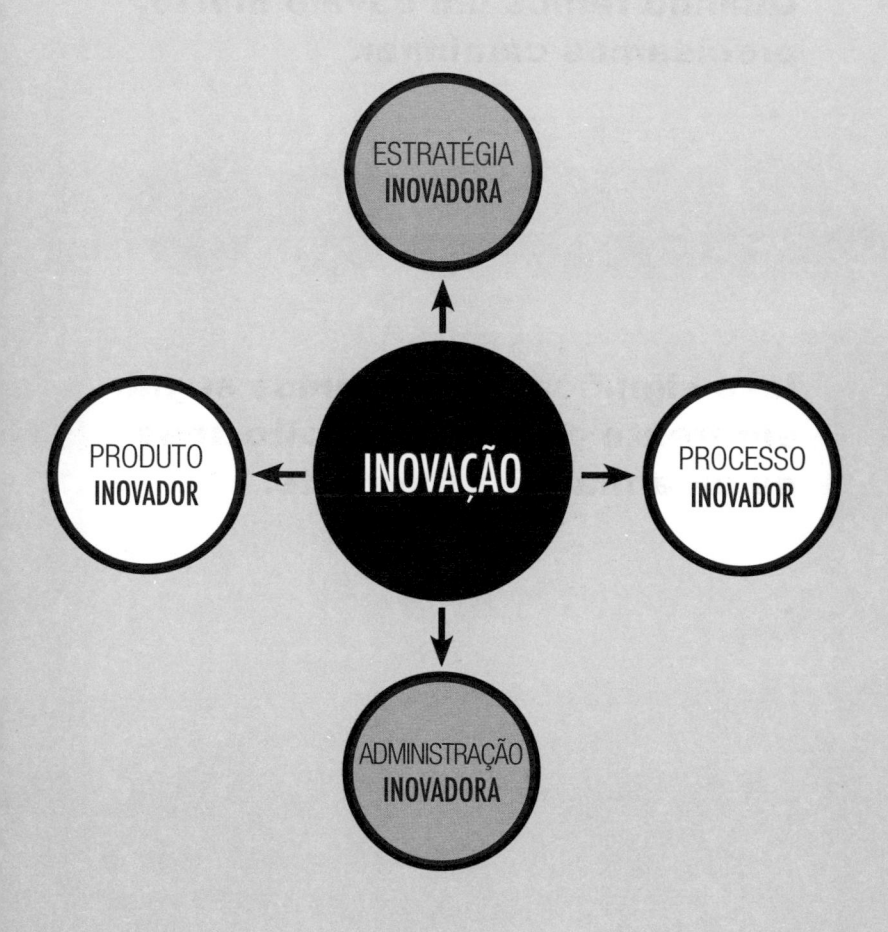

```
                    ┌─────────────┐
                    │  ESTRATÉGIA │
                    │  INOVADORA  │
                    └─────────────┘
                           ▲
                           │
┌──────────┐        ┌─────────────┐        ┌──────────┐
│ PRODUTO  │ ◄───── │   INOVAÇÃO  │ ─────► │ PROCESSO │
│ INOVADOR │        │             │        │ INOVADOR │
└──────────┘        └─────────────┘        └──────────┘
                           │
                           ▼
                    ┌──────────────┐
                    │ ADMINISTRAÇÃO│
                    │  INOVADORA   │
                    └──────────────┘
```

Quando temos um cavalo morto, precisamos caminhar.

Isso significa que devemos seguir em frente de qualquer jeito, mas de uma maneira diferente.

Contudo, para que esperar até que o cavalo morra?

Um bom administrador nunca espera até que seu cavalo morra.

Ele cria cavalos para que estes gerem outros que possam ser utilizados no momento em que for preciso.

Porque precisamos seguir em frente!!!

Estratégias de Administração Intermediária

APM
Administração pelas mãos
(Não fique sonhando, vá e faça)

APP
Administração pelos pés
(A pesquisa de mercado é importante para o controle)

APM

Administração pelas Mãos

As ideias

A organização administrativa, de acordo com o objetivo planejado, precisa seguir seu caminho.

Administrar é agir. Apenas gerenciar o número de vendas e o lucro não é suficiente.

O trabalho de pensar e agir compõe a maior parte do tempo para o administrador intermediário.
(Aqueles que não sabem pensar ou têm muito medo de agir não deveriam estar na posição de administradores)
A ação é muito importante. Todo programa e todo projeto só poderão se concretizar se houver ação.

APP
Administração pelos Pés

As ideias

Quando possuímos uma missão e agimos para que ela aconteça, torna-se necessário verificar e fazer pesquisas de mercado ou visitar as filiais.

A Administração Intermediária precisa ser os olhos e os ouvidos da organização.

O que realmente precisa ser analisado minuciosamente são a pesquisa de mercado, a verificação de produtos, as visitas à equipe de vendas, o exame do volume de vendas e a comparação com a concorrência: nossa promoção *versus* a promoção da concorrência. Uma vez que realizarmos a pesquisa de mercado, juntaremos mais ideias para as vendas e para o marketing. *(Se alguém for negligente no serviço, algo pode acontecer. Vá até o local onde está sendo realizado o serviço e veja onde está o erro.)*

Administração **pelas mãos**

Steve Jobs foi um jovem executivo que construiu e administrou a Apple Inc., e posteriormente a levou para a Bolsa de Valores de Nova York. Foi quando ele agregou capital à empresa.

Aos 30 anos, ele foi destituído de sua própria companhia.

Steve Jobs perdeu tudo no qual ele havia depositado tanto trabalho e tudo que ele amava. Ele pensava em apenas uma coisa: não queria trabalhar nunca mais.

Ele disse a seus amigos e sócios mais próximos que ele havia se sentido inutilizado pela segunda vez.

A primeira foi quando sua mãe biológica o abandonou após ter dado à luz e o entregou para pais adotivos.

A segunda foi nesta em que ele havia sido despejado da companhia que ele mesmo havia construído por um executivo que ele tinha contratado junto a acionistas. Eles o expulsaram de sua própria empresa.

Depois de passar um ano, ele se tornou uma pessoa que nada tinha a não ser a própria vida. Ele tinha um novo empreendimento com o qual ele iria ENVOLVER-SE novamente: Pixar Inc. e NeXT Computer.

Ambos os negócios se tornaram a esperança de um homem que nunca desistiu mesmo quando já não possuía nada.

As duas companhias criaram um novo fenômeno nos computadores, nos desenhos, nos brinquedos e na indústria do entretenimento. Todos esses ramos mudaram porque Steve Jobs criou uma animação com computação gráfica.

Sua primeira animação feita por computação gráfica foi Toy Story. Os personagens principais da história são um boneco caubói chamado Woody e um astronauta futurista chamado Buzz Lightyear. Toy Story conseguiu chegar ao topo da bilheteria.

Depois disso, a Pixar Inc. e a NeXT Computer criaram mais filmes como Toy Story 2, Toy Story 3, Procurando Nemo, Os incríveis, Carros e muitos outros.

A Apple comprou a NeXT, permitindo que Steve Jobs retornasse à firma que ele havia fundado. Pouco tempo depois, tornou-se CEO* interino e começou a reestruturar a companhia. Logo em seguida, o preço das ações da Apple subiu de US$10 para US$400 em questão de anos.

Steve Jobs então anunciou com orgulho que a companhia havia criado um novo produto: o iPod. Em seguida, essa inovação virou sensação mundial de um dia para o outro.

A próxima ação realizada pela Apple sob a liderança de Steve Jobs foi lançar o iPhone. Um smartphone inovador, com centenas de aplicativos, fácil de usar, elegante e moderno.

---

* Chief Executive Officer (em português, diretor executivo) (N.E.)

Estratégias de Administração Funcional

APN

Administração por normas

(Quanto mais pessoas, mais normas para reter o controle)

APQ

Administração por queixas

(Certamente, toda companhia já recebeu críticas dos consumidores; mesmo as melhores.)

APN
Administração por normas

As ideias

O gerenciamento da organização, após o planejamento de seu objetivo, precisa seguir seu próprio caminho.

A administração precisa controlar sua equipe com normas e ordens. Até os níveis mais baixos da equipe precisam obedecer às regras de uma companhia, pois estas colocam todos no compasso planejado pela organização.

(Se uma cidade não tem leis ou ordens que controlem todos, a sociedade não conseguirá entrar em harmonia.)

Para comandar muitas pessoas, as normas se fazem necessárias, pois os seres humanos possuem diferentes comportamentos e necessidades.

(Alguns indivíduos precisam das regras para conseguir trabalhar; alguns não precisam e, mesmo assim, conseguem fazer um bom trabalho.)

APQ
Administração por queixas

A ideia das queixas do consumidor

Tanto o produto quanto o serviço precisam responder às necessidades do consumidor, a fim de que a organização sobreviva pelo maior tempo possível. Para isso, ela precisa entender seus clientes.

Quando queremos desenvolver uma empresa, precisamos melhorar as ideias de marketing e aumentar o volume de vendas.

E há algo que é necessário fazer para que a empresa melhore muito.

Esse algo é ouvir as queixas dos clientes a fim de aperfeiçoar, progredir e melhorar.

(Quando se pensa que o produto já é bom o suficiente e não se ouvem mais as reclamações dos clientes, esse é o momento no qual a companhia começa a se desintegrar.)

Qual estilo de administração está correto e qual está errado?

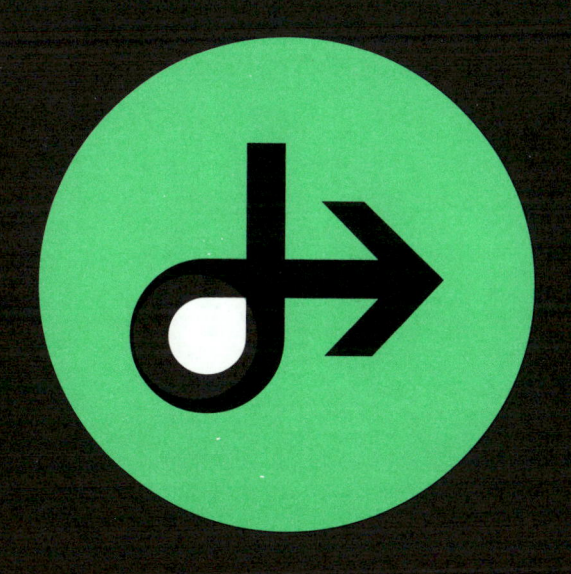

**No mundo dos negócios,
o mais provável é que não
haja certo ou errado.**

**Mas é provável que aquilo
que escolhermos construir
trará resultados positivos
ou negativos à empresa.**

Teoria da Administração
(Analistas da Teoria da Administração)

1 Teoria das Necessidades Humanas
por **Abraham Maslow**

2 Teoria das da Psicanálise
por **Sigmund Freud**

3 Teoria de Motivação X e Y
por **Douglas McGregor**

4 Teoria da Administração Científica
por **Frederick Taylor**

5 Teoria da Administração Clássica
por **Henri Fayol**

Gestão de PESSOAS

Administração de Recursos Humanos

Gestão de Pessoas

A Administração de Recursos Humanos, ou Gestão de Pessoas, é o que faz com que as pessoas trabalhem com seu potencial máximo e alcancem suas missões.

A Gestão de Pessoas é o aspecto mais difícil da administração, pois cada indivíduo tem suas próprias convicções e ideias. A parte mais árdua é que as pessoas têm **pensamentos diferentes** e **diferentes níveis de inteligência**.

Podemos conduzir pessoas o quanto quisermos com variados métodos de administração, pois não podemos forçar alguém a fazer algo contra a sua vontade.

A parte mais árdua da administração é a gestão de pessoas. **Se conseguirmos gerir recursos humanos,** estaremos na metade do caminho até a linha de chegada.

INFORMAÇÃO

Os subsídios fornecidos a um indivíduo resultarão em diferentes produções.

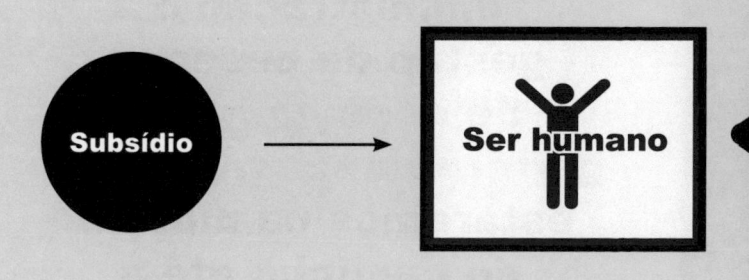

Subsídio → Ser humano

Isso acontece porque os seres humanos têm suas convicções, pensamentos e comportamentos próprios. É por isso que um mesmo subsídio pode derivar em diferentes resultados.

Produção 1

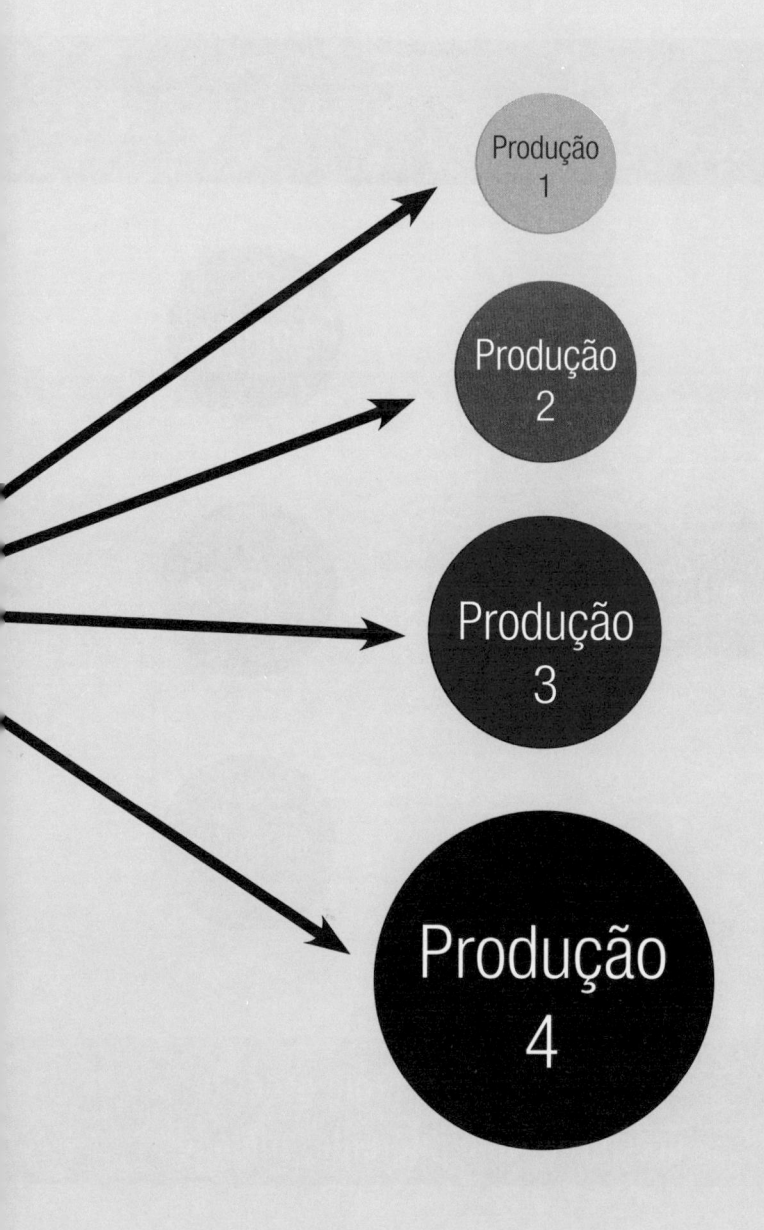

Produção 2

Produção 3

Produção 4

Necessidades humanas com

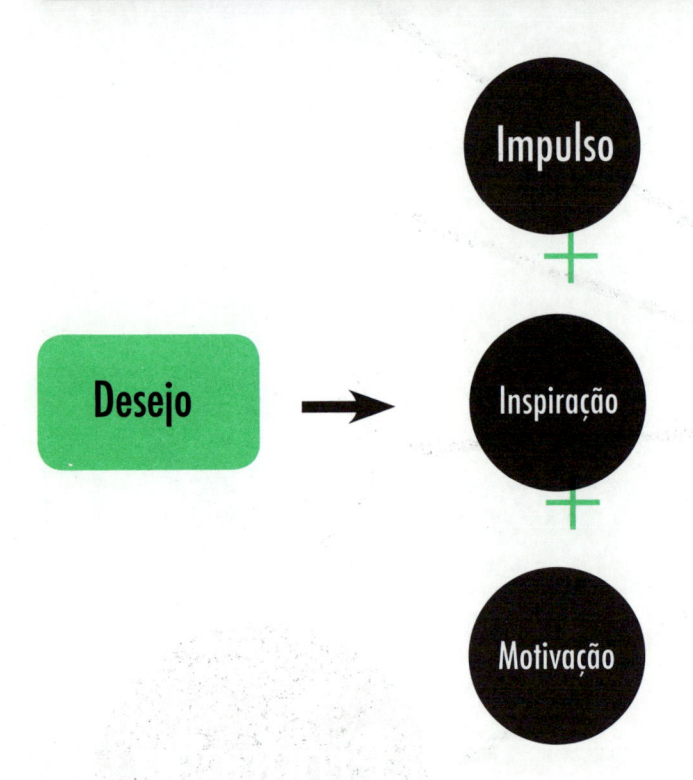

Desejo →

- Impulso
- +
- Inspiração
- +
- Motivação

Isso é o que encoraja ações a ocorrerem com diferentes métodos

IMPULSO + INSPIRAÇÃO + MOTIVAÇÃO

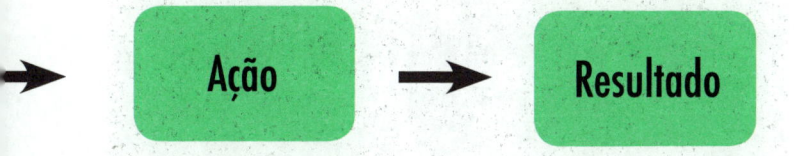

→ Ação → Resultado

Dessa forma, os resultados surgem.

Os resultados
podem ser diferentes
porque as necessidades humanas
e
impulso
+
inspiração
+
motivação
não são iguais

Os métodos são **diferentes** e os esforços das pessoas são **diferentes**. Logo, os resultados serão **diferentes**.

A Hierarquia das Necessidades
por Abraham Maslow

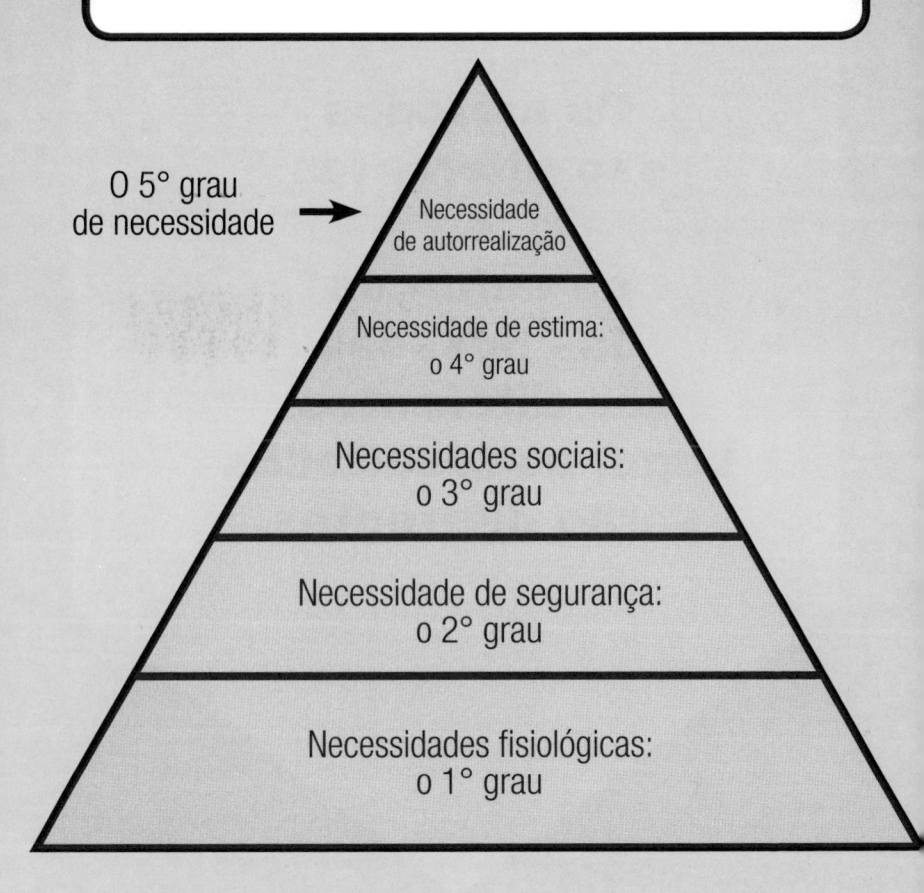

O 5° grau de necessidade → Necessidade de autorrealização

Necessidade de estima: o 4° grau

Necessidades sociais: o 3° grau

Necessidade de segurança: o 2° grau

Necessidades fisiológicas: o 1° grau

1 O 1° grau: Necessidades fisiológicas
As mais básicas das necessidades fisiológicas, como viver, ter comida, vestuário, moradia, acesso a medicamentos e tudo o que nos mantém vivos.

2 O 2° grau: Necessidade de segurança
Após alcançar o primeiro grau, nós automaticamente desejamos algo mais, pois somos capazes de reconhecer o quanto precisamos de segurança e proteção. Podemos perceber que as pessoas frequentemente compram apólices de seguro ou sistemas de videovigilância (CCTVs*) quando lhes sobra dinheiro.

3 O 3° grau: Necessidades sociais
Após o preenchimento dos dois primeiros desejos, os seres humanos têm necessidades sociais, como sair, praticar um esporte coletivo, participar de atividades de recreação e reuniões, amar, confiar em alguém – tudo porque os indivíduos são socialmente dependentes.

4 O 4° grau: Necessidade de estima
Após ter passado pelos três primeiros graus, nós queremos ser aceitos. Ser honrosos, promovidos e admirados. Recompensados e felizes em sociedade.

---

* Sigla em inglês para *closed-circuit television*, ou circuito interno de televisão. (N.T.)

A Hierarquia das Necessidades

por Abraham Maslow

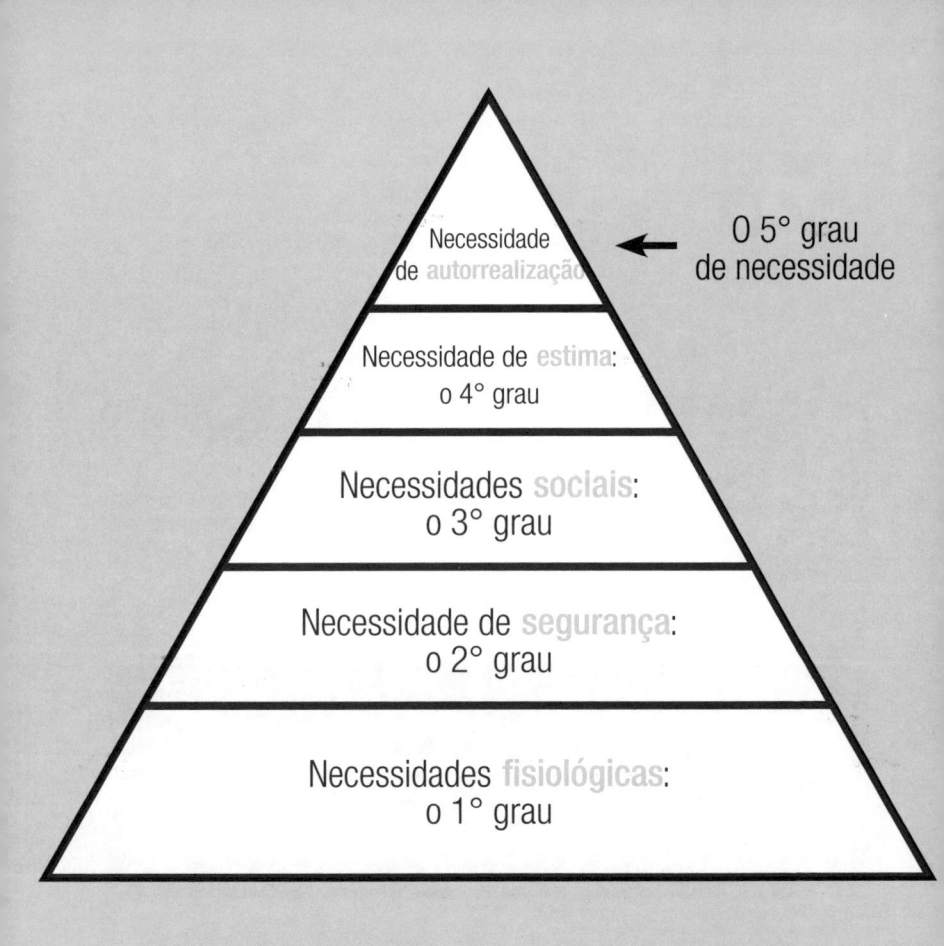

- Necessidade de autorrealização ← O 5° grau de necessidade
- Necessidade de estima: o 4° grau
- Necessidades sociais: o 3° grau
- Necessidade de segurança: o 2° grau
- Necessidades fisiológicas: o 1° grau

5

O 5° grau das necessidades
A necessidade de autorrealização

A **NECESSIDADE** de obter Sucesso Pessoal ou Desejos Pessoais

Na verdade, os **cinco graus** da pirâmide de Maslow não precisariam estar completos do 2° ao 4° grau, também não seria necessário cumprir totalmente cada grau.

Algumas pessoas se satisfazem apenas com as necessidades fisiológicas (1° grau), não se preocupando, assim, com os graus de 2 a 4, e podendo pular já para o 5° grau.

O que nos dá habilidade para pular esses itens é o significado da palavra **SUFICIENTE** ensinado pelo budismo. É por isso que possuímos desejos irrelevantes para as necessidades materiais, mas que são **ESPIRITUAIS**, como trabalhar com aquilo que amamos sem exigência de dinheiro.

Teoria da Psicanálise
de **Sigmund Freud**

O psicanalista Sigmund Freud estudou a psicologia humana e descobriu que...

Os seres humanos geralmente utilizam apenas 10% de suas habilidades no dia a dia.

Os outros 90% ficam ocultos no inconsciente.

Aquele que consegue trazer a habilidade para fora do nível do inconsciente deixa de desperdiçar 90% de suas habilidades e se torna extremamente poderoso.

Teoria do Iceberg de Freud

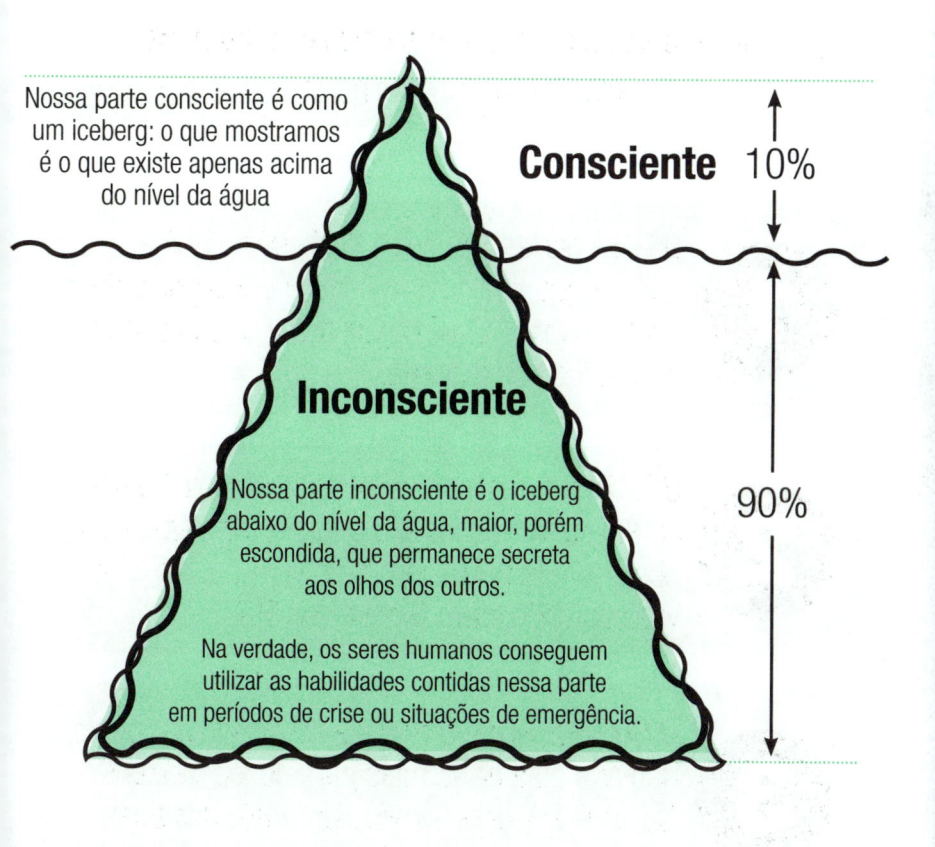

Nossa parte consciente é como um iceberg: o que mostramos é o que existe apenas acima do nível da água

Consciente 10%

Inconsciente

Nossa parte inconsciente é o iceberg abaixo do nível da água, maior, porém escondida, que permanece secreta aos olhos dos outros.

Na verdade, os seres humanos conseguem utilizar as habilidades contidas nessa parte em períodos de crise ou situações de emergência.

90%

Teoria da Psicanálise
de Sigmund Freud

A pesquisa de Freud sobre psicologia humana resultou em três aspectos:

1 **O ID:** a parte mais bruta do "instinto humano", na qual reside a maldade do inconsciente dentro de nós. Ela é capaz de vir à tona sempre que perdemos a calma.

2 **O EGO:** é o analista intelectual da mente humana ou a parte do inconsciente que foi domesticada e desenvolvida pela aprendizagem – quanto mais você aprende, mais firme é seu EGO.

3 **O SUPEREGO:** é o analista iluminado da mente humana ou a parte mais pura do inconsciente. Ela pode ser desenvolvida por meio das boas ações que as pessoas fazem.

Estrutura da Personalidade Humana

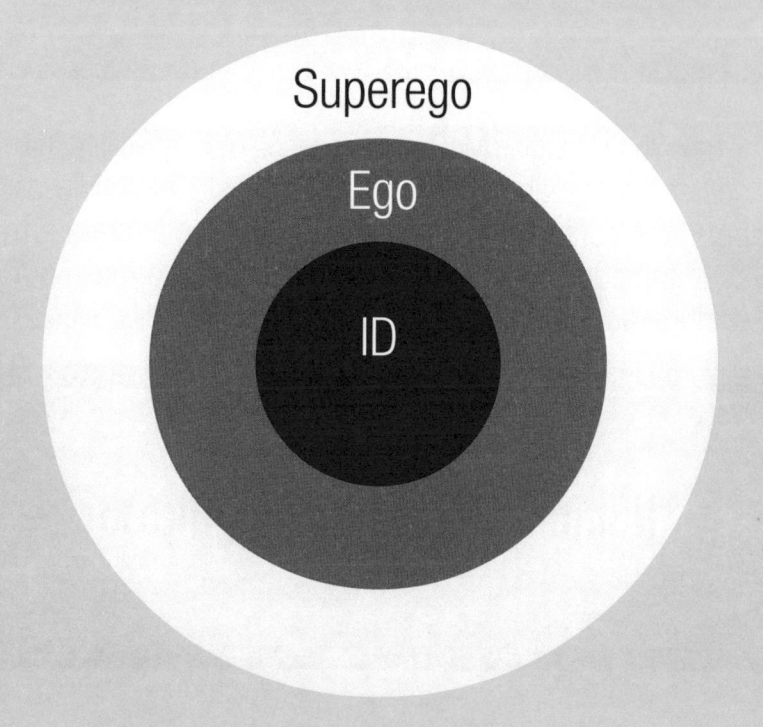

- Superego
- Ego
- ID

Teoria da Motivação X e Y
de Douglas McGreger

O psicólogo Douglas McGregor analisou o desenvolvimento dos seres humanos e, a partir desse estudo, dividiu-os em duas categorias. Esses dois grupos se diferem em seus métodos de controle e administração, e mesmo a remuneração e as motivações são diferentes.

Humano X = O tipo preguiçoso

Humano Y = O tipo diligente

Humano X	Humano Y
Chega atrasado	Chega cedo
Não produz	Produtivo
Tem dúvidas	Tem certezas
Preguiçoso	Diligente
Lerdo	Rápido
Entediado	Desafiante
É punido	É recompensado
Pensa em dinheiro	Pensa em certificação
Cumpre penas	Dá seminários
Compelido	Estudioso

| Soldado | Policial | Médico | Professor |

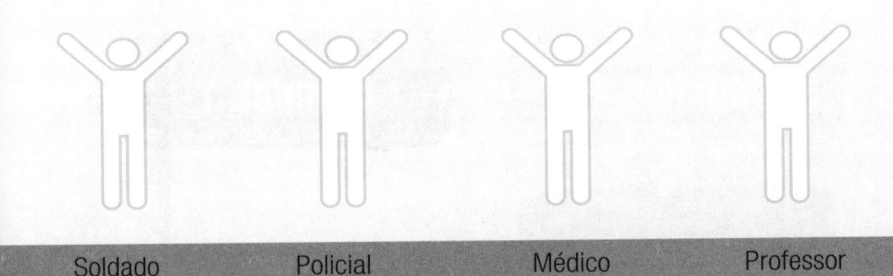

Cada um tem sua própria definição de sucesso

| Capitão | Policial | Engenheiro | Contador |

Porque cada um tem uma missão única

| Cantor | Arquiteto | Jardineiro | Escritor |

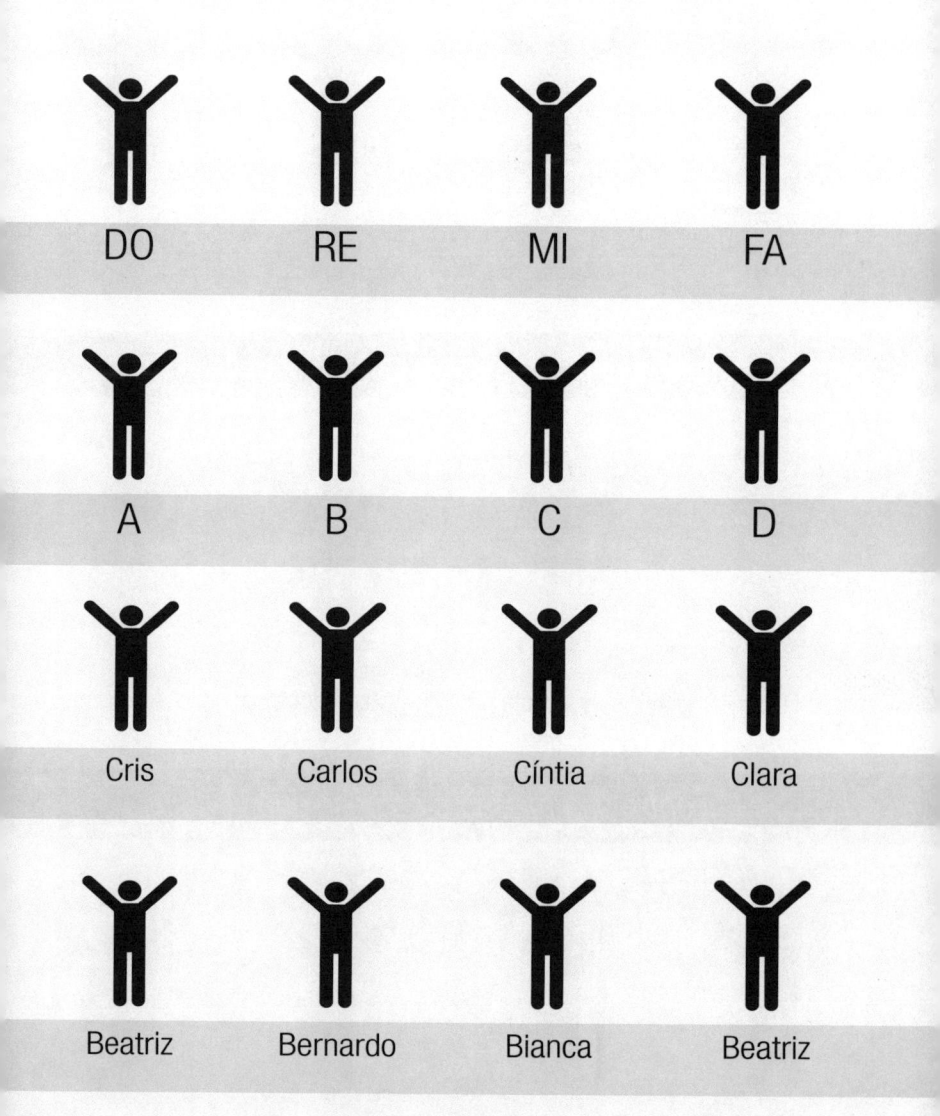

DO	RE	MI	FA
A	B	C	D
Cris	Carlos	Cíntia	Clara
Beatriz	Bernardo	Bianca	Beatriz

DAMRONG PINKOON

Pescador	Vendedor	Empresário	Enfermeira

Há milhões de tipos de sucesso para milhões de pessoas

DJ	Jornalista	Mecânico	Advogado

Encontre sua missão e comece sua jornada

Produtor	Fotógrafo	Músico	Professor

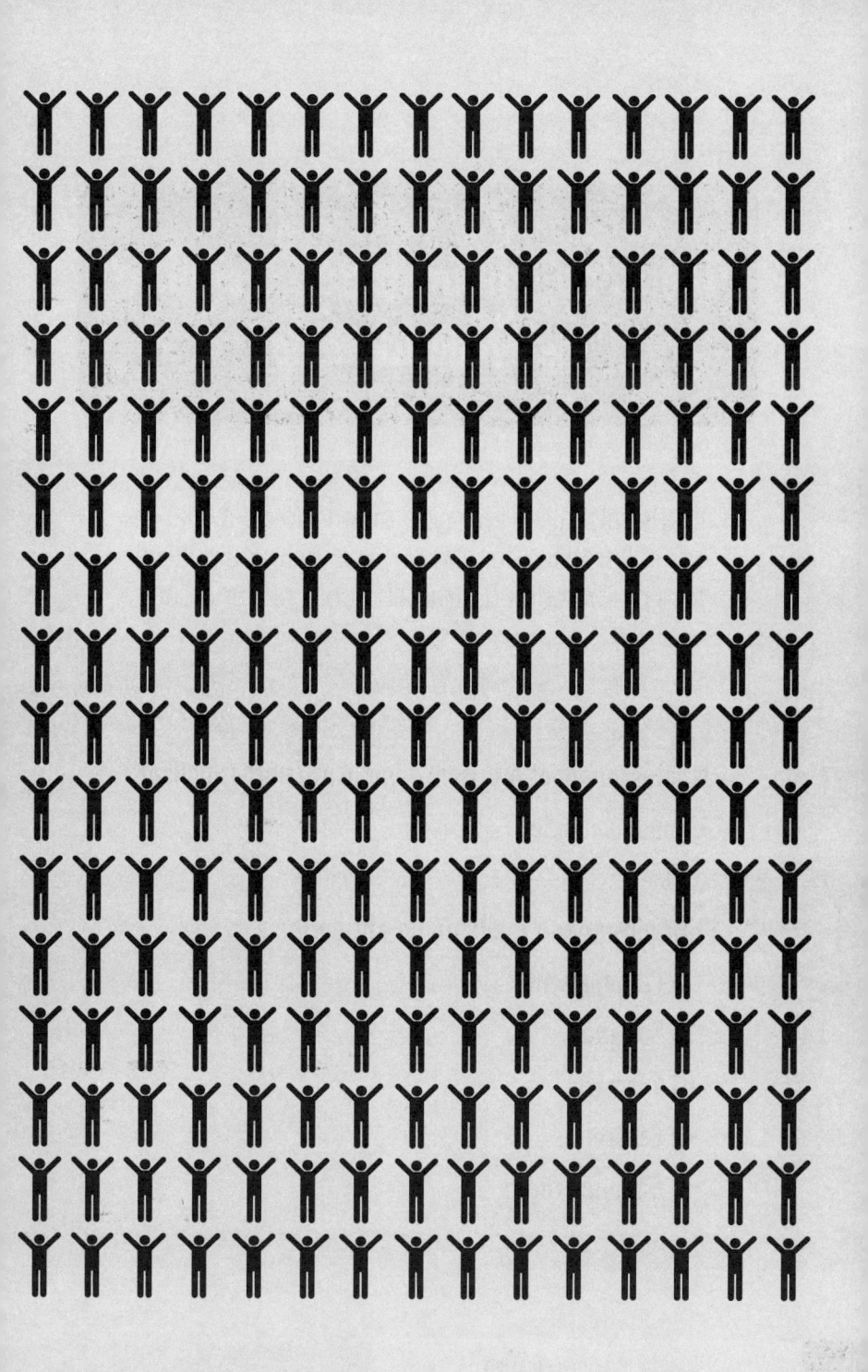

Teoria da Administração Científica de **Frederick Taylor**

Frederick Taylor tem sido chamado de o "pai da Administração Científica". Seus estudos analisaram os métodos de trabalho com profundidade.

Os seres humanos precisam administrar para trabalhar sistematicamente.

Princípios para a melhoria da eficiência:
1) Planejamento
2) Seleção
3) Execução
4) Controle
5) Singularização

> Se o planejamento está em sua cabeça,
> escreva-o antes que você o esqueça
> porque este pode ser o plano
> que mudará o mundo.

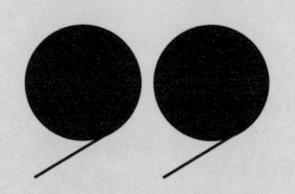

Teoria da Administração Clássica
de Henry Fayol

Henri Fayol nasceu em Istambul, na Turquia, em 1814, e publicou um livro chamado *Teoria da Administração Clássica*.

Henri Fayol enalteceu em seu trabalho que as pessoas precisavam do trabalho da Administração – e isso era muito óbvio para Fayol.

14 princípios da Administração

1) **Divisão do trabalho** — O trabalho deve ser dividido com outras pessoas.
2) **Autoridade** — É de responsabilidade dos executivos.
3) **Disciplina** — A equipe tem de obedecer às autoridades.
4) **Unidade de Comando** — Todos devem escutar o mesmo comando.
5) **Unidade de Direção** — Cada departamento tem a mesma missão e deve fazer de tudo para atingir os mesmos objetivos.

6) Subordinação do interesse individual ao geral	Os interesses pessoais de cada departamento devem ser os mesmos da organização.
7) Remuneração dos empregados	Os salários devem ser justos.
8) Centralização	Um problema pode ser resolvido pelo poder absoluto da Administração Superior.
9) Hierarquia	Os nível mais alto de administração de cada departamento deve trabalhar individualmente e não fazer conexões sem permissão.
10) Ordem	As pessoas e os materiais precisam estar nos lugares adequados.
11) Equidade	Os executivos precisam tratar todos com justiça.
12) Estabilidade de pessoal	Todo emprego com falta de trabalhadores precisa ser preenchido.
13) Iniciativa	A equipe que começou junto da companhia deve receber aquilo que merece.
14) Espírito de grupo	Deve haver unidade na organização.

Muitos estudos e muitas teorias têm sido publicados e provados para que nós possamos entender qual tipo de método de administração realmente funciona. **Muitos teóricos analisaram, aplicaram e elaboraram todos os tipos de estratégias de administração possíveis.** Estratégias prazerosas, sistemáticas, de recursos, aquelas que fazem as pessoas trabalharem para nós sem terem dúvidas ou ainda aquelas que permitem escolher a pessoa certa para o emprego. **Como cada teoria almeja o mesmo objetivo – medir resultados de produtividade e trabalho –, todas as consequências podem ser verificadas.**

Muitas teorias e estudos nos trariam resultados satisfatórios caso misturássemos todos para alcançar o seu potencial total. Ninguém até hoje utilizou um único método nem explorou o máximo de seu potencial. *Os executivos devem aprender sobre novos métodos de administração sempre que puderem, a fim de gerenciar a mão de obra na organização.* **Depois que a companhia crescer, a administração deve ser capaz de sustentar o crescimento da organização como uma Organização Sustentável. Cada uma deve ter um objetivo para que este possa ser gerenciado sem confusão.** *A companhia será produtiva e utilizará seus recursos, como equipe, maquinaria e materiais, no potencial máximo.*

4P + 8P
dos Recursos Administrativos
A Administração de Recursos

(para que a organização atinja seus objetivos)

PESSOAS
A administração de recursos

PATRIMÔNIO
A administração de recursos

PRODUTOS
A administração de recursos

PROCEDIMENTOS
A administração de recursos

P1

PESSOAS

MANUAL DO **LÍDER CRIATIVO**

P1

Uma das quatro coisas mais importantes no mundo dos negócios são os recursos humanos – e isso é muito importante para qualquer organização do mundo. Outro aspecto fundamental é a equipe. Sem equipe, não haveria mão de obra para tocar os negócios. As PESSOAS são a peça mais importante nos negócios, por isso precisamos ter a pessoa certa para o emprego certo.

(A teoria da Administração está no Capítulo 2)

COMO ADMINISTRAR DIFERENTES TIPOS DE PESSOAS ???

Como podemos categorizar
a administração de uma organização?

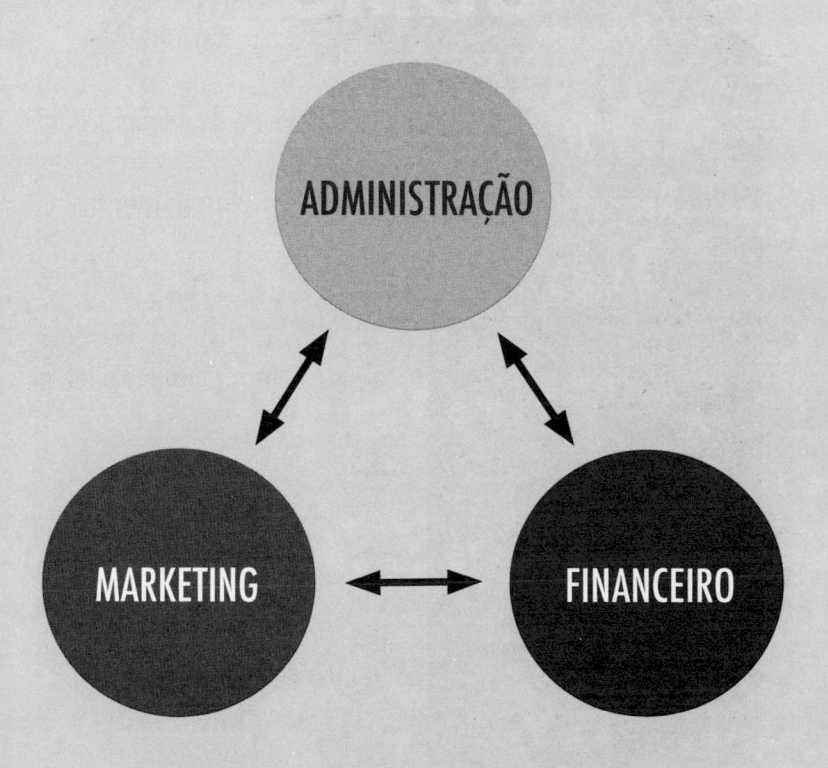

```
        ADMINISTRAÇÃO
         ↙        ↘
   MARKETING  ←→  FINANCEIRO
```

Será que os três itens listados acima
são diferentes ou iguais?

O QUE + QUEM	ADMINISTRAÇÃO
Coração	Sistema
Teoria	Teoria da Administração
Necessidade	Planejamento
Vontade	Desejo
Ideia	Pensar conforme a teoria
Perspectiva	Normas
Crescimento	Desenvolvimento
Caminho	Sistemático
Regras	Preto e branco
Método	Nomeação
Pensamento	Lado esquerdo do cérebro

MARKETING		FINANCEIRO
Comprador	→	Juros
Teoria do Marketing	→	Teoria financeira
Ideias	→	Benefício
Necessidades do consumidor	→	Números
Pensar diferente	→	Pensar conforme o percentual
Variável	→	O mais abundante é sempre o melhor
Cota de mercado	→	Mais benefícios
Vendas	→	Renda
Colorido	→	Cinza
Marketing moderado	→	Dinheiro pelo dinheiro
Lado direito do cérebro	→	Cérebro – Caixa eletrônico

DAMRONG PINKOON

P2

PATRIMÔNIO

P2

Mais um recurso importante para uma organização é o fundo de investimento: ***se estamos perdendo dinheiro, nossa empresa não será bem-sucedida.*** Portanto, a ação mais trivial a ser feita é calcular meticulosamente antes de qualquer investimento.

Alguns compêndios antigos não enaltecem o investimento financeiro porque eles usam outro tipo de método 4P, que seria: pessoas, peças de maquinaria, produtos e procedimentos. Então não veremos nada sobre PATRIMÔNIO FINANCEIRO e essas apostilas não serão adaptáveis para os métodos administrativos modernos porque você precisa aprender sobre INVESTIMENTO, RETROCESSO, CIRCULAÇÃO, DÍVIDA A CURTO PRAZO, DÍVIDA A LONGO PRAZO, BENEFÍCIO e PERDA FINANCEIRA. Todos têm relação específica com o PATRIMÔNIO, e por isso o administrador moderno raramente recorrerá aos antigos métodos, embora eles não estejam nem totalmente errados nem certos. Devemos progredir para amparar o desenvolvimento de nossos negócios.

P3

PRODUTOS

P3

Outro recurso importante para uma organização é o produto. **A organização da Era Industrial precisava de vários produtos para aumentar o rendimento.** Hoje, para aumentar a importância de seu produto, transforme-o em um artigo de valor e ofereça-o ao mercado.

Alguns compêndios antigos não enaltecem o investimento financeiro porque eles usam outro tipo de método 4P, que seria: pessoas, peças de maquinaria, produtos e procedimentos. As organizações dos tempos modernos, como as companhias exportadoras ou uma que ofereça apenas serviços, não incluirão peças de maquinaria em seu método. Isso significa que tudo é permutável, não existe tal coisa como um modo definitivo de administrar. O melhor que uma empresa pode fazer é se adaptar, se transformar e sobreviver pelo maior tempo possível.

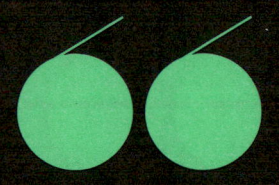

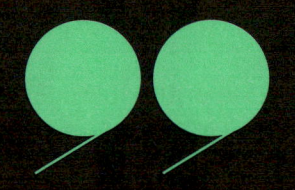

> A diferença entre o
> **HOMEM** *vs* **MATÉRIA**
> é que,
> quanto mais investimos em **matéria**,
> mais **produtos** obtemos.

> Para o **homem**,
> sua **diferenciação** é
> a maior prova de sua individualidade.
> Quanto mais pessoas
> trabalham, mais diferentes
> serão os resultados,
> pois o talento e a
> **habilidade de cada pessoa são distintos.**

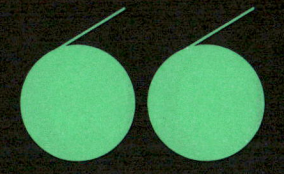

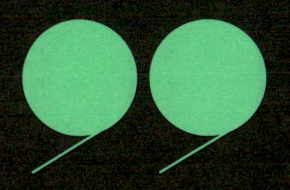

P4

PROCEDIMENTOS

> O último item mais importante para uma organização são seus procedimentos. Se uma empresa não possui procedimentos sagazes na administração de negócios, ela não vai conseguir manter seu sucesso nem sequer dar continuidade a suas atividades. Por isso, a escolha de procedimentos é fundamental para a administração de uma empresa e, para encontrar o método certo, é necessário estudar. Sem isso, podemos perder recursos preciosos rapidamente. Tanto dinheiro como tempo poderão ser gastos em vão e isso causará muito estresse devido ao sentimento de ser malsucedido e perdido.

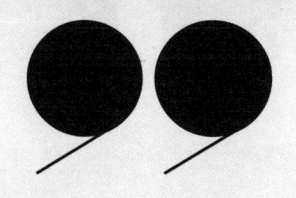

Administração

com ●●

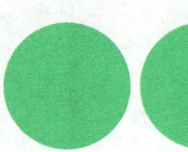

8P

Após o sucesso da construção do modelo administrativo com os 4P – Pessoas / Patrimônio / Produtos / Procedimentos –, a estratégia de administração deve se diferenciar e detalhar a teoria dos métodos administrativos.

4P

1) Pessoas
2) Patrimônio
3) Produtos
4) Procedimentos

8P

5) Princípios
6) Propósitos
7) Poder
8) Publicidade

2 PATRIMÔNIO	1 PESSOAS
PRODUTOS 3	PROCEDIMENTOS 4

- PRINCÍPIOS **5**
- PROPÓSITOS **6**
- PODER **7**
- PUBLICIDADE **8**

P5

PRINCÍPIOS

Ter PRINCÍPIOS ou ÉTICA é o que as sociedades de cada geração precisam aprender. Possuir princípios morais na administração não significa que você precisa obter os melhores resultados porque números altos de produção podem nos tornar robôs impiedosos, devido à ganância e à sede de sucesso, às vezes muito fortes para aguentar. A ganância transforma os seres humanos em algo muito mais desumano, devido à falta de moralidade.

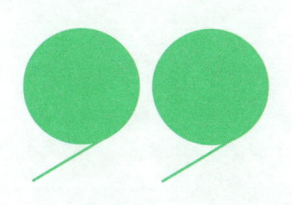

P6

PROPÓSITOS

> Das PESSOAS surgem os PROPÓSITOS e a motivação, os quais mantêm os outros trabalhando para nós. A motivação pode ser o dinheiro, estar nos holofotes, ter honrarias e prêmios. Também há o incentivo: de vida, de promoção e muitos outros. Todos esses itens podem encorajar a equipe a trabalhar ao máximo de bom grado. Até mesmo a atitude do chefe, em relação aos empregados, não necessariamente ao dar dinheiro ou prêmios, mas apenas ao agir de forma benévola, pode ser mais valiosa do que presentes materiais.

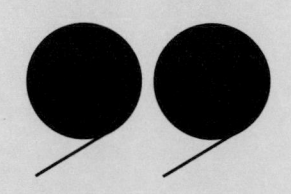

P7

PODER

> Do PROCEDIMENTO surge o PODER. Isto porque o método mais importante de controle é, de fato, o poder. Ele pode ser dividido em várias categorias e ser efetuado em diferentes métodos. **É eficaz na administração de qualquer empresa, grandes, médias ou pequenas, são todas diferentes.** O líder da organização deve ser capaz de escolher o método de gerenciamento que melhor se adeque à organização. Além disso, os procedimentos também dependem da situação e de outros elementos.

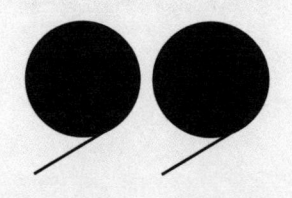

P8

PUBLICIDADE

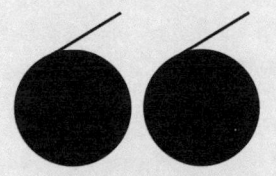

> O **PROCEDIMENTO** também pode ser dividido em outro aspecto que é o da **PUBLICIDADE**. A noção de marketing se propaga profundamente na mente do consumidor e afeta seus pensamentos e seu senso de satisfação. A **SATISFAÇÃO DO CONSUMIDOR** ou de suas **NECESSIDADES** é a raiz da estratégia mercadológica. É preciso verificar quem são nossos clientes, o que eles querem, onde devem comprar o produto, quando e por que deveriam ter vontade de obtê-lo sem hesitação.

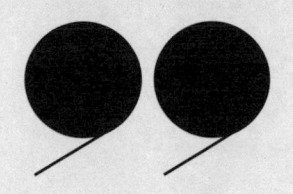

Do 4P ao 8P até o 12P

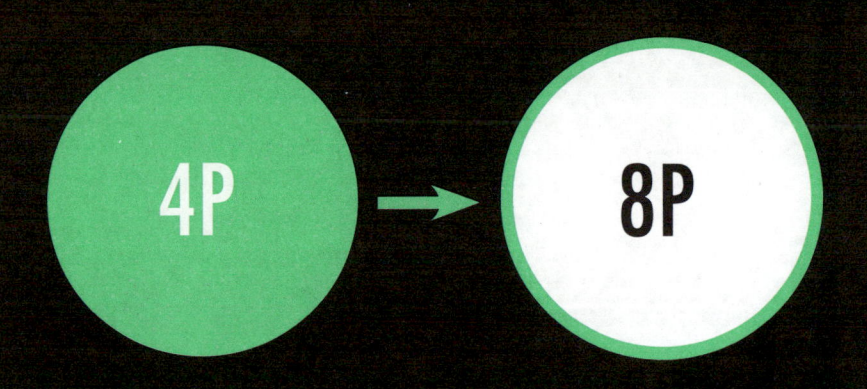

4P → **8P**

12P

O desenvolvimento sustentável envolve instruir-se de coisas novas e sempre ter conhecimento do que está acontecendo no mundo administrativo. Os procedimentos de gerenciamento estão sendo formulados continuamente porque o mundo está mudando a todo o momento. O que o processo atual e as novas gerações deveriam considerar são os novos procedimentos que se originam da mesma raiz dos 4P; eles se desenvolvem até os 8P e desembocam nos 12P para se adaptarem e se ajustarem à administração de hoje.

Administração com 12P

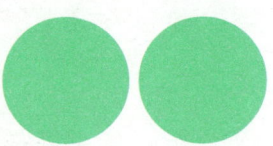

Depois do sucesso da construção do modelo de administração com 4P, os 8P adicionaram outras ideias, após as quais os 12P levaram à perfeição administrativa.

4P   **8P**   **12P**

1) Pessoas   5) Princípios   9) Participação

2) Patrimônio   6) Propósitos   10) Ponderação

3) Produto   7) Poder   11) Postura

4) Procedimento   8) Publicidade   12) Preponderância

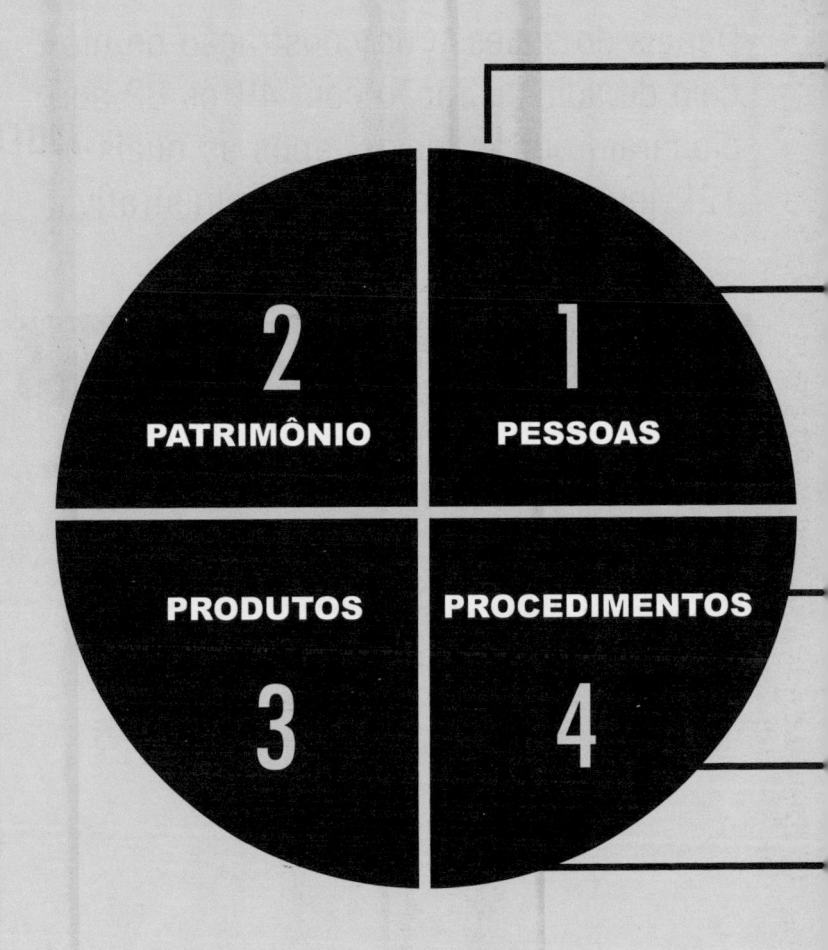

2 PATRIMÔNIO	**1** PESSOAS
PRODUTOS **3**	PROCEDIMENTOS **4**

- **PRINCÍPIOS** 5
- **PARTICIPAÇÃO** 9
- **PROPÓSITOS** 6
- **PONDERAÇÃO** 10
- **PODER** 7
- **POSTURA** 11
- **PUBLICIDADE** 8
- **PREPONDERÂNCIA** 12

P9

PARTICIPAÇÃO

> A participação
> ou a intercomunicação
> é o coração
> do mundo moderno.
> Qualquer um que tenha controle
> sobre a comunicação
> definitivamente
> vencerá.

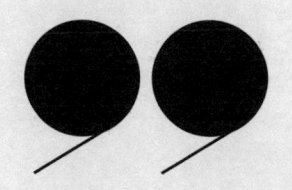

P10

PONDERAÇÃO

> **Ponderação das estatísticas em dados numéricos.
> Isto é, uma análise financeira por Indicadores-chave de desempenho (KPI)
> &
> Gestão de Desempenho (Balanced Scorecard).
> Ponha na balança sempre e você finalmente vencerá.**

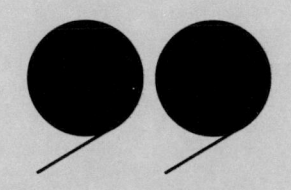

P11

POSTURA

> A **postura** ou a **atitude** proporciona ação para a empresa e significa que toda organização deve ter pessoas com a atitude certa para ela.

P12

PREPONDERÂNCIA

> O preponderante ou o particular? Toda organização precisa separar a importância da maioria em relação ao pessoal a fim de evitar egoísmos.

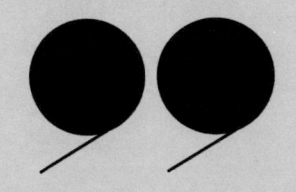

Como administrar uma organização?
Método de Organização Administrativa
(para a maneira mais efetiva de trabalho)

P PLANEJAMENTO	**O** ORGANIZAÇÃO
D DIREÇÃO	**C** CONTROLE

PLANEJAMENTO

O coração dos negócios
é o
planejamento

O planejamento de empresas
nos leva à aprendizagem.

Qual negócio devo seguir?
Onde deve ser?
Quando deve ser?
Com quem devo me aliar?
Como devemos fazê-lo?

Desenhar uma empresa
num papel é como traçar
a rota em um mapa do
começo ao destino final.

Planejamento de Empresas

O planejamento de empresas
é o
coração dos negócios.

Categorizado em três estratégias,
uma se relacionando com a outra.
Em cada operação há uma:

1) Estratégia Corporativa

2) Estratégia Empresarial

3) Estratégia Funcional

Estratégia Corporativa

É uma estratégia corporativa e um plano principal de negócios feitos pelo

CEO / Presidente / Diretor Administrativo

para colocar a organização na direção certa para chegar ao caminho que ela pretende seguir e para definir o que deve fazer quando chegar no final.

Cada uma é uma política para a Administração Superior, porém quando integradas constituem

a **VISÃO**.

Por exemplo, tornar-se o principal hospital de cirurgia cardíaca da França, ou ser uma das cinco principais universidades na Europa.

Planejamento estratégico

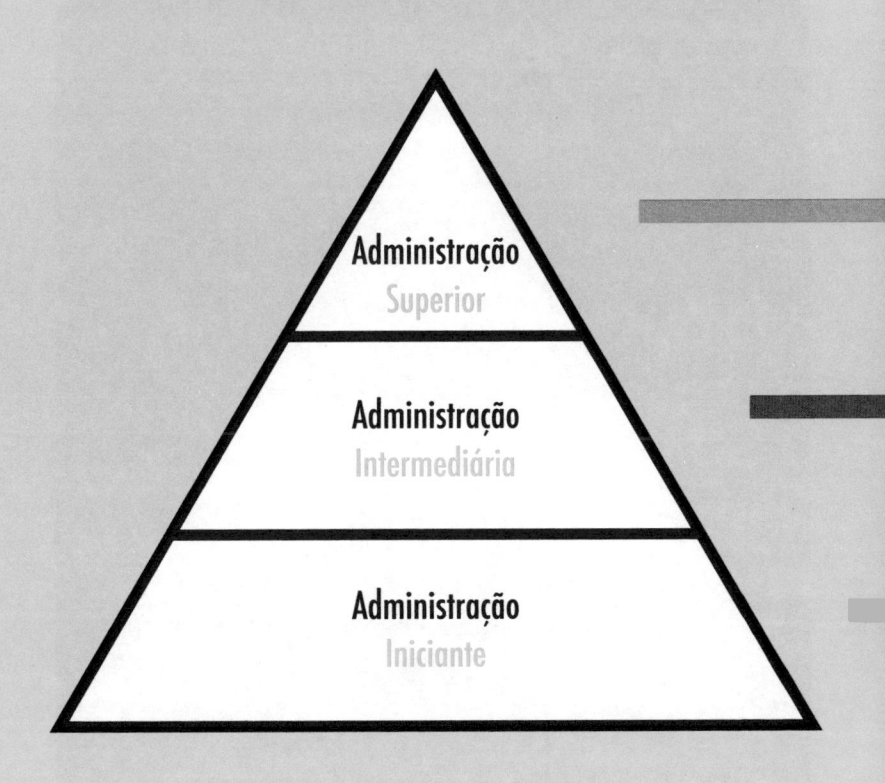

- Administração Superior
- Administração Intermediária
- Administração Iniciante

Planejamento estratégico

- Estratégia Corporativa
- Estratégia Empresarial
- Estratégia Funcional

(Os detalhes do Planejamento de Estratégias Empresariais estão no Capítulo 7.)

1) Estratégia **Empresarial**

A Estratégia Organizacional
se traduz na
Estratégia Empresarial.

De acordo com a teoria,
a Administração Intermediária dará
conta de: Vice-Presidente/Subdiretor Gerral

Na verdade, este é o resultado entre as consultas
dos níveis Superior, Intermediário e Iniciante.

O Planejamento Estratégico Organizacional é a
escolha da tática para competir no mercado.
Qual escolher?

Ele tem três categorias:
Diferenciação / Custo / Transação
(Um profissional escolhe apenas uma das três.)

2) Estratégia **Funcional**

Planejamento Estratégico por Setores
é a
Estratégia Funcional
do Nível Iniciante de Administração;
São responsáveis o gerente de marketing, o gerente de finanças, o gerente de fábrica, gerente de vendas e o gerente de RH.
Este é o direcionamento do trabalho da organização. Será que ele define cada função e método de cada departamento?

Por exemplo, a política de produção em equipe é a de inserir novas tecnologias nas linhas de produção.
A responsabilidade social corporativa (CSR) do marketing é dar um retorno à sociedade.
A política das vendas é a da distribuição para todos os países da União Europeia.

ORGANIZAÇÃO

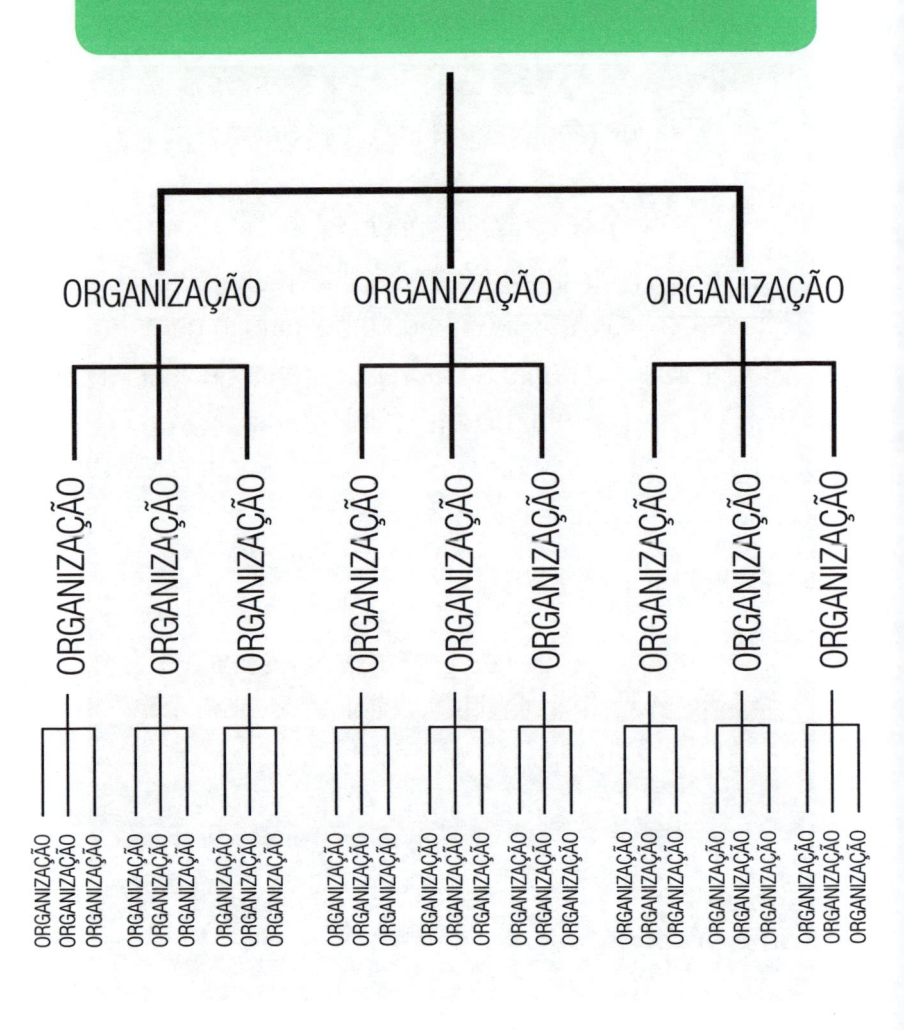

- ORGANIZAÇÃO
  - ORGANIZAÇÃO
    - ORGANIZAÇÃO
    - ORGANIZAÇÃO
    - ORGANIZAÇÃO
  - ORGANIZAÇÃO
    - ORGANIZAÇÃO
    - ORGANIZAÇÃO
    - ORGANIZAÇÃO
  - ORGANIZAÇÃO
    - ORGANIZAÇÃO
    - ORGANIZAÇÃO
    - ORGANIZAÇÃO
- ORGANIZAÇÃO
  - ORGANIZAÇÃO
    - ORGANIZAÇÃO
    - ORGANIZAÇÃO
    - ORGANIZAÇÃO
  - ORGANIZAÇÃO
    - ORGANIZAÇÃO
    - ORGANIZAÇÃO
    - ORGANIZAÇÃO
  - ORGANIZAÇÃO
    - ORGANIZAÇÃO
    - ORGANIZAÇÃO
    - ORGANIZAÇÃO
- ORGANIZAÇÃO
  - ORGANIZAÇÃO
    - ORGANIZAÇÃO
    - ORGANIZAÇÃO
    - ORGANIZAÇÃO
  - ORGANIZAÇÃO
    - ORGANIZAÇÃO
    - ORGANIZAÇÃO
    - ORGANIZAÇÃO
  - ORGANIZAÇÃO
    - ORGANIZAÇÃO
    - ORGANIZAÇÃO
    - ORGANIZAÇÃO

A estrutura de uma Organização
possui várias hierarquias:

a. Nível Único de Hierarquia
b. Hierarquia Multinível
c. Organização Funcional
d. Organização de Produtos
e. Organização de Projetos
f. Organização de Matrizes

DIREÇÃO

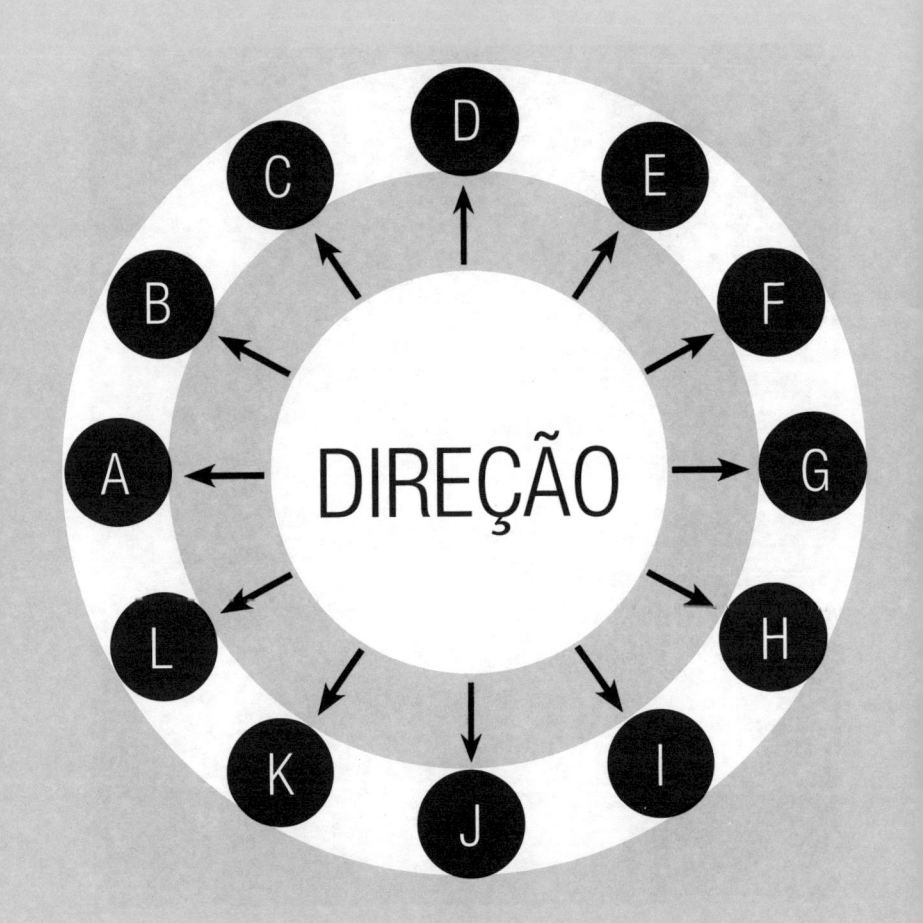

A Direção de uma empresa

Determinar ou direcionar medidas em uma organização depende de sua estrutura.

Poder Compartilhado ou Poder Absoluto
Determinar Direções ou Sugerir Direções
Emitir trabalho ou ensinar a trabalhar
Dividir a carga ou combinar a carga
Utilizar ou ajudar
Negligenciar ou apossar-se de trabalhos

Há muitas maneiras de dirigir, geralmente depende do líder de cada departamento. Logo, é algo relevante para a liderança e o resultado será atribuído àquele que o comanda.

CONTROLE

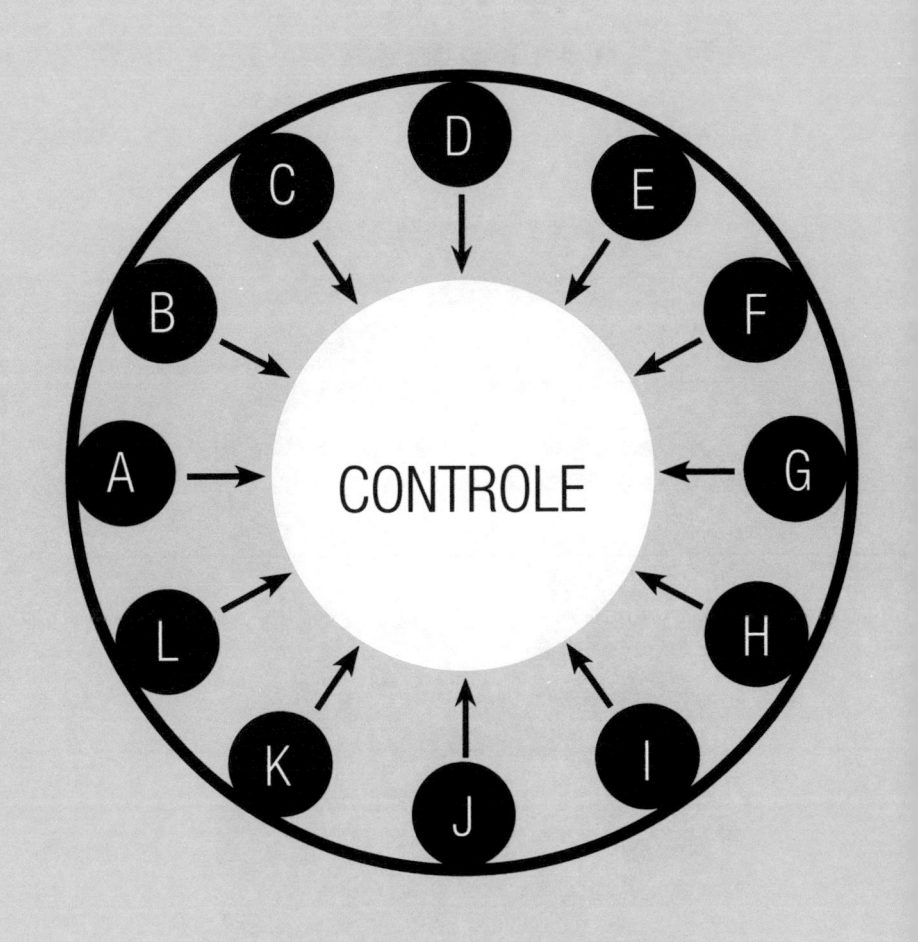

> **Controlar
> é
> Controlar**
>
> **Saiba como
> controlar
> e tudo irá de acordo
> com o plano.**

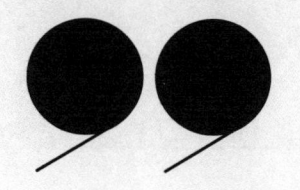

Os resultados da Administração
(Confira as estatísticas regularmente)

PERIGO

Alguns lugares são muito perigosos, como torres de eletricidade de alta voltagem ou o laboratório de um químico. Esses locais geralmente têm um aviso que diz:

PERIGO

Mas para um negócio ninguém diz isso. Precisamos manter em mente que o que quer que observemos ou encontremos, precisamos nos perguntar:

"Será que isso é perigoso?"

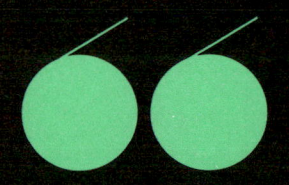

ICP
INDICADOR DE CHAVE DE *PERFORMANCE*

é o
Indicador de *Performance*
para cada departamento

ou

para cada membro ou equipe.

Mantenha os números

para cada setor

e desenvolva sua *performance*.

(http://en.wikipedia.org/wiki/Balanced_scorecard)

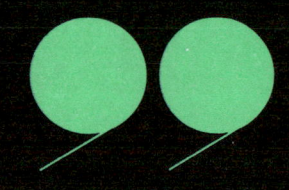

> **Um Indicador de *Performance***
> de uma organização
> nos auxilia a entender
> como foi nosso desempenho
> nos últimos anos
> e o que devemos fazer
> neste ano, no ano que vem
> e nos próximos cinco anos que virão.

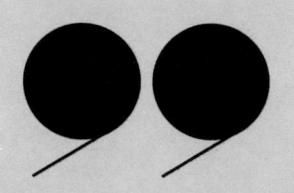

GD
A GESTÃO DE DESEMPENHO É

A gestão do desempenho para todos os métodos possíveis. Podemos aplicá-la a nós mesmos ou à empresa para descobrir nosso desempenho em cada categoria. As organizações têm utilizado sistemas que consistem em uma mistura de medidas financeiras e não financeiras para traçar o progresso por um determinado tempo. Um exemplo foi a Gestão de Desempenho de Dispositivos Análogos, criada por Art Schneiderman, a qual agora é reconhecida como sendo um projeto de primeira geração. Logo em seguida, Schneiderman participou de um estudo coordenado pelo Dr. Robert S. Kaplan junto da consultoria administrativa dos Estados Unidos, Nolan-Nortan. Em 1996, eles publicaram o livro Gestão de Desempenho (*The Balanced Scorecard*). O livro espalhou o conhecimento do conceito de gestão de desempenho e levou Kaplan e Norton a serem vistos como os criadores do conceito.

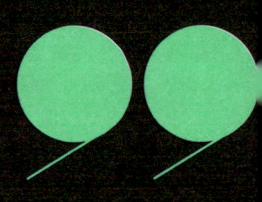

> **Anotar os números serve para comparar... Comparar para comparar nós mesmos e nossos concorrentes, para ver quem progredirá mais.**

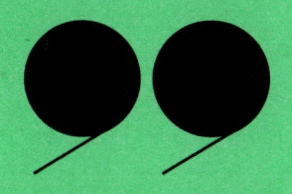

Estrutura Organizacional
(Adequada para os negócios)

- Nível Único de Hierarquia
- Hierarquia Multinível
- Organização Funcional

- Organização de Produto
- Organização de Projeto
- Organização de Matrizes

Nível Único de Hierarquia

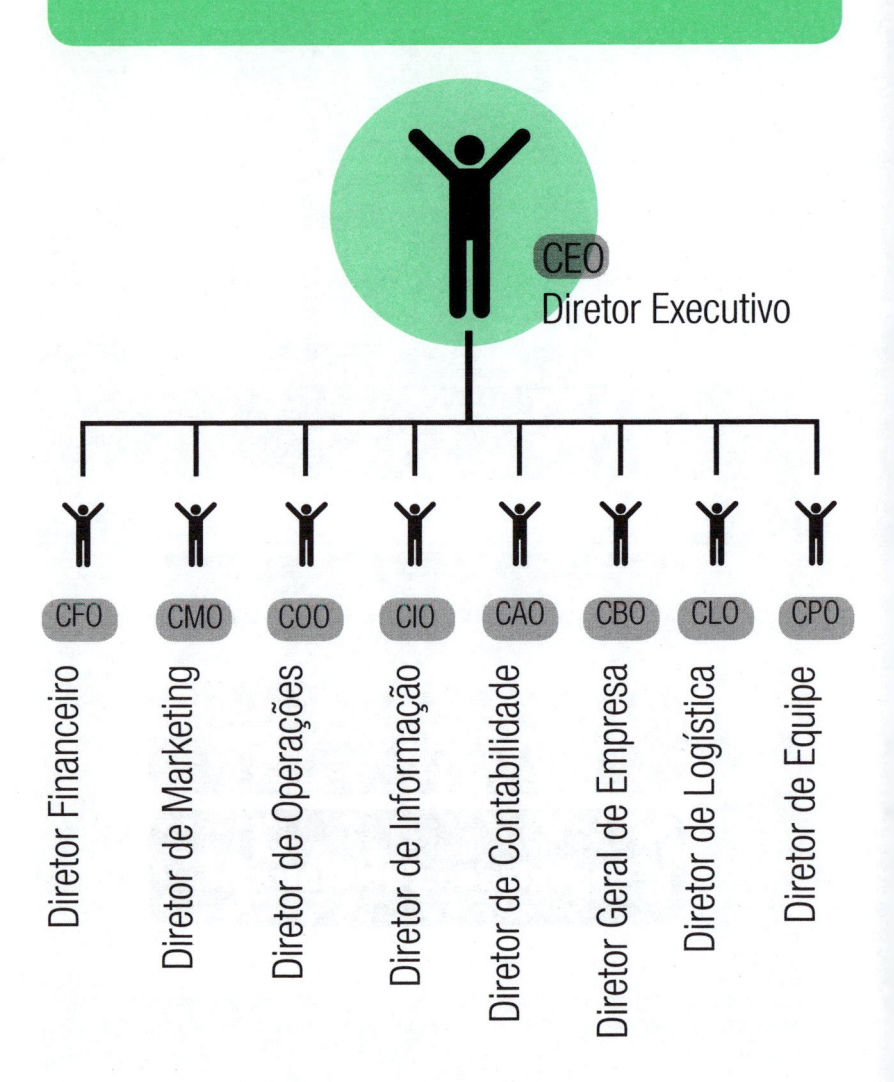

CEO — Diretor Executivo

- **CFO** — Diretor Financeiro
- **CMO** — Diretor de Marketing
- **COO** — Diretor de Operações
- **CIO** — Diretor de Informação
- **CAO** — Diretor de Contabilidade
- **CBO** — Diretor Geral de Empresa
- **CLO** — Diretor de Logística
- **CPO** — Diretor de Equipe

Hierarquia Multinível

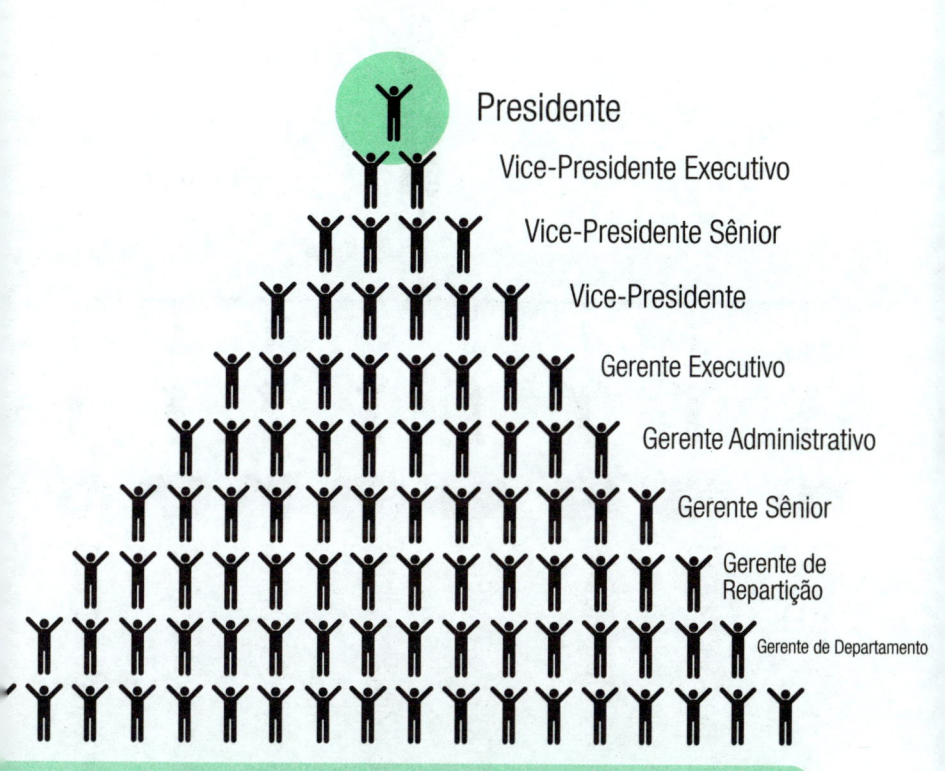

Presidente
Vice-Presidente Executivo
Vice-Presidente Sênior
Vice-Presidente
Gerente Executivo
Gerente Administrativo
Gerente Sênior
Gerente de Repartição
Gerente de Departamento

50 Vice-Presidentes
100 Gerentes
250 Assistentes e 5.000 Funcionários

Nível Único de Hierarquia

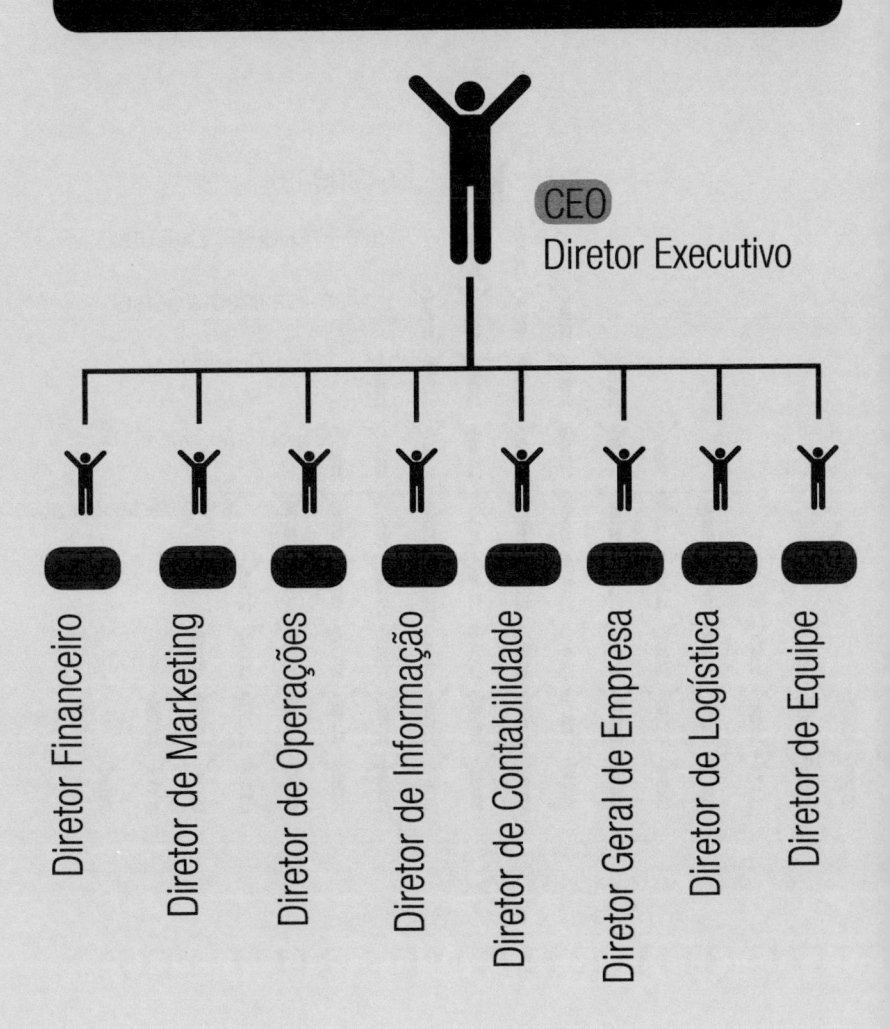

CEO
Diretor Executivo

- Diretor Financeiro
- Diretor de Marketing
- Diretor de Operações
- Diretor de Informação
- Diretor de Contabilidade
- Diretor Geral de Empresa
- Diretor de Logística
- Diretor de Equipe

Uma organização moderna administra seus negócios por meio da divisão de funções em cada departamento e dando a cada gerente de repartição poder absoluto, pois muitas pessoas de autoridade, juntas, podem desacelerar a carga de trabalho.

Hierarquia Multinível

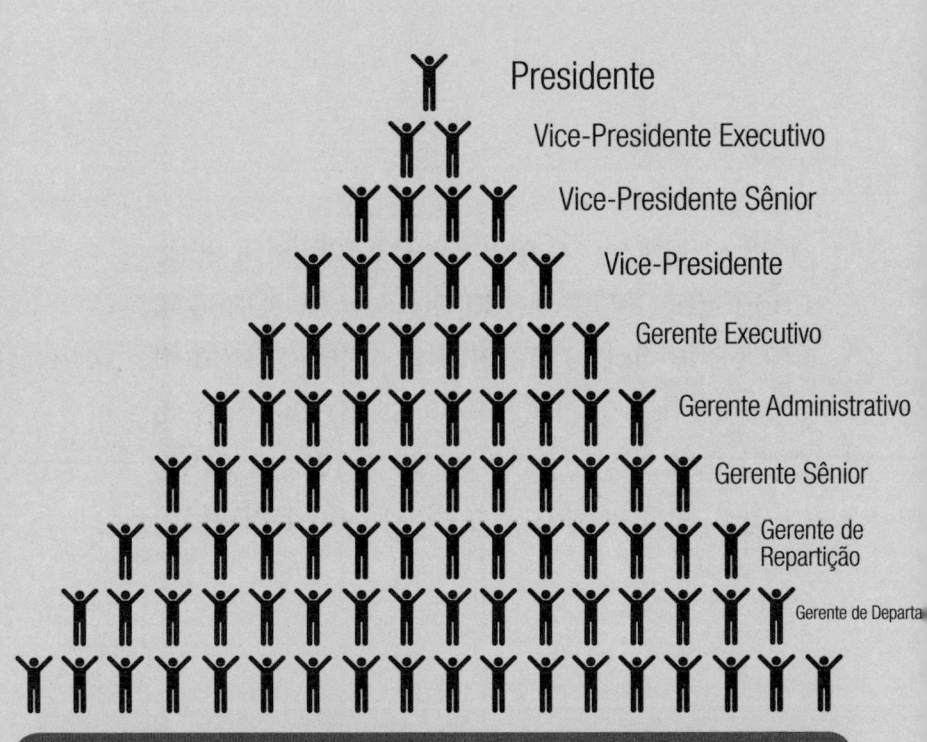

- Presidente
- Vice-Presidente Executivo
- Vice-Presidente Sênior
- Vice-Presidente
- Gerente Executivo
- Gerente Administrativo
- Gerente Sênior
- Gerente de Repartição
- Gerente de Departa[mento]

50 Vice-Presidentes
100 Gerentes
250 Assistentes e 5.000 Funcionários

Em antigas empresas, existem várias etapas a serem transpostas, pois o poder absoluto pertence a apenas uma pessoa. Isso faz com que o processo de trabalho seja devagar e incapaz de competir com as demandas dos tempos modernos. A empresa moderna tem um modo mais fácil de administrar por intermédio da divisão de funções para cada setor e da concessão de poder absoluto para cada gerente de repartição, pois muitas pessoas de autoridade, juntas, podem desacelerar a carga de trabalho.

Os governos de vários países ainda utilizam o primeiro método; tanto em países desenvolvidos como em desenvolvimento.

Outras empresas também usam esse método.

Tanto o Nível Único de Hierarquia quanto a Hierarquia Multinível têm seus prós e contras. Nenhum método é melhor do que o outro. O mais inteligente deles (e não melhor) deve ser o líder. Por isso, escolha a pessoa certa para o cargo certo em sua empresa.

Nível Único de Hierarquia	Hierarquia Multinível
Rápido	Lento
Rápido	Lento
Rápido	Muito lento
Confortável	Complicado
Fácil	Difícil
Poder dividido	Poder absoluto
Menos equipe	Mais equipe
Administração mais expansiva	Administração mais fechada
Divertido	Entediante
Mutável	Imutável
Ir devagar: não é bom	Ir devagar: melhor ainda

O líder de uma organização precisa ser aquele que toma as decisões para melhor escolher o método de administração que se ajusta ao perfil da empresa.

Aquilo que deve ser diferente precisa ser realmente "diverso". Administrar uma empresa de modo significativo não corresponde necessariamente a ser bom em tudo, já que cada um é bom em um determinado aspecto.

O dever do administrador é "contratar a pessoa certa para a função certa" porque é isso que leva a extrair o "potencial máximo" de sua equipe.

"Empregue a pessoa certa na função certa" ou "extraia o máximo de sua equipe".

Uma administração visionária consegue tirar proveito de todo o potencial de sua equipe. O time será capaz de chegar ao ápice de suas habilidades e terá o melhor desempenho possível.

Nível Único de Hierarquia	Hierarquia Multinível
Não concreto	Concreta
Sem processos	Processos + Regras
Sem qualificação	Qualificável
Confiável	Correta
Rápido (isso é bom?)	Rápida (isso é bom?)
Uma assinatura	Muitas assinaturas
Manifestações de uma única pessoa	Trabalho coletivo
Administração expansiva	Administração fechada
Rápido	Lenta
Mutável	Mutável
Instável	Estável

Organização Funcional

A organização que opera funcionalmente terá uma tarefa muito bem definida para cada departamento e a força de trabalho operará potencialmente e sem cruzamento de tarefas.

Organizações grandes com muitas pessoas precisam ser divididas em níveis de operação para serem realmente eficazes e atuarem com o mais alto potencial.

A comunicação entre cada setor precisa ser transparente para que cada departamento saiba exatamente qual seu dever e, assim, tomar responsabilidade pelas operações e seus resultados.

O desenvolvimento em potência depende de como cada setor opera.

O profissionalismo de cada trabalhador afeta a organização em seu potencial operacional.

(Isso se o potencial de cada trabalhador for empregado de maneira eficaz.)

A produção trabalha com o melhor de sua produtividade.
O trabalho financeiro trabalha com o melhor de suas finanças.
O marketing trabalha com o melhor de sua publicidade.
As vendas trabalham com o melhor de suas vendas.
A gestão de pessoas trabalha com o melhor dos recursos humanos.
O serviço de delivery trabalha com o melhor do delivery.

Grandes cooperações conduzem as operações a um nível elevado de forma a obter melhores resultados.

Organização **Funcional**

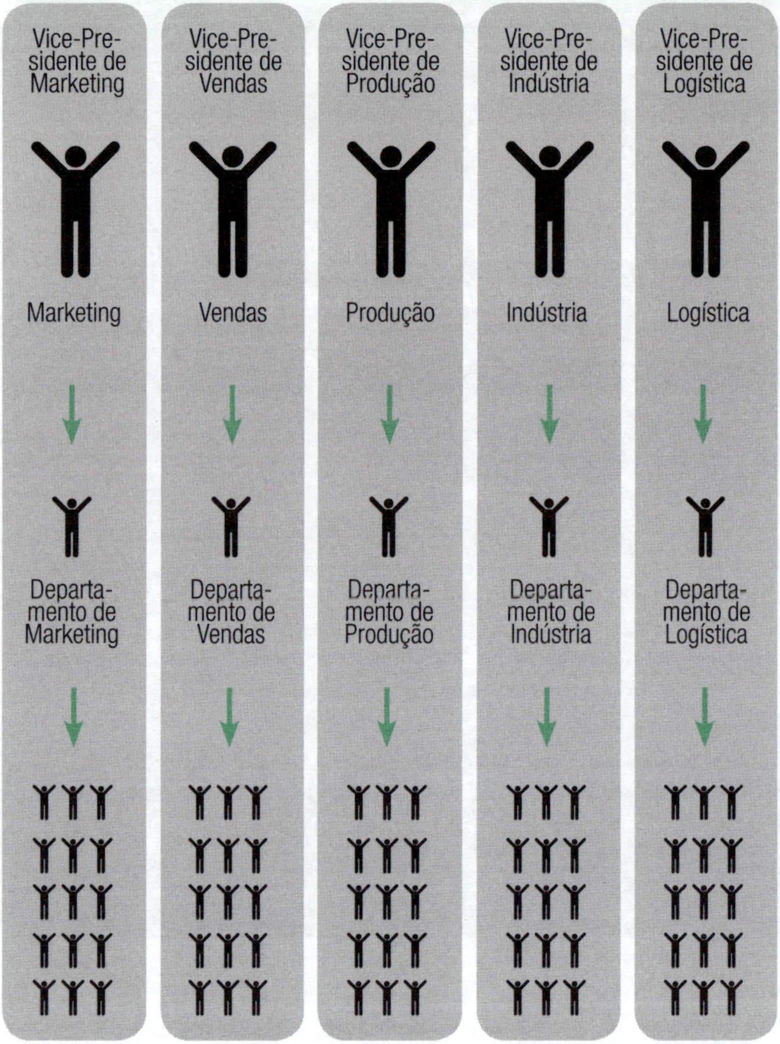

Vice-Presidente de Marketing	Vice-Presidente de Vendas	Vice-Presidente de Produção	Vice-Presidente de Indústria	Vice-Presidente de Logística
Marketing	Vendas	Produção	Indústria	Logística
↓	↓	↓	↓	↓
Departamento de Marketing	Departamento de Vendas	Departamento de Produção	Departamento de Indústria	Departamento de Logística

Organização Funcional

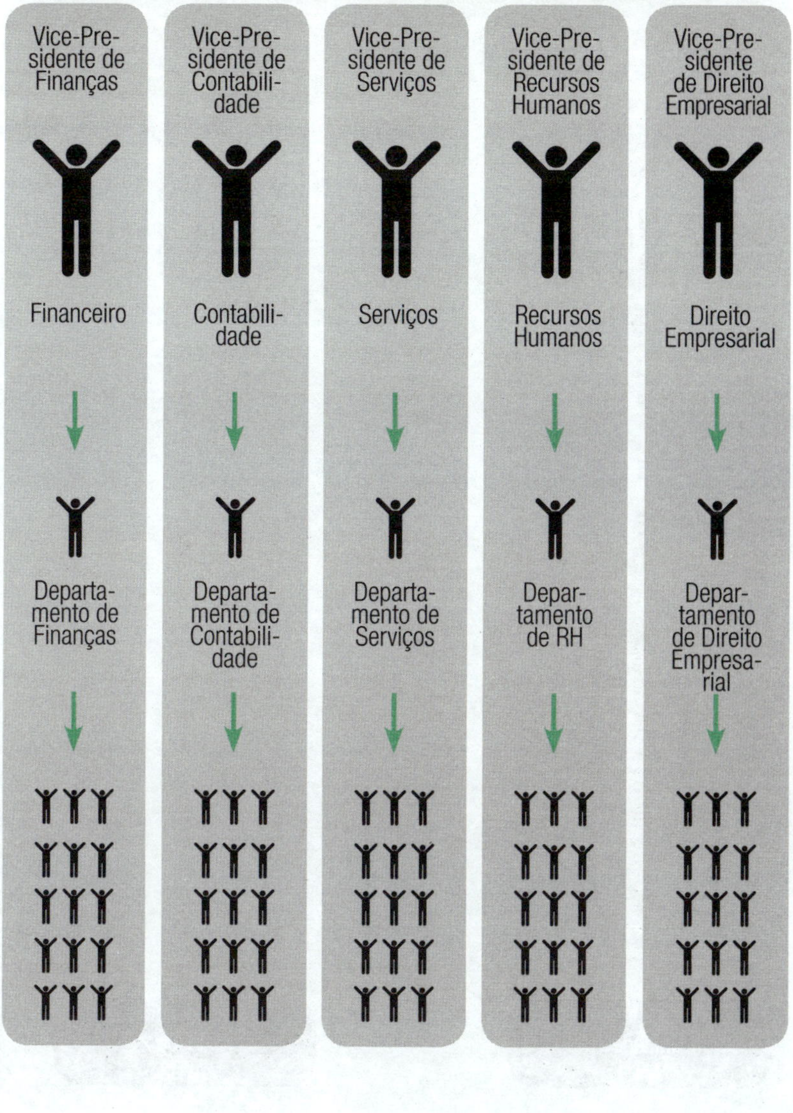

Vice-Presidente de Finanças	Vice-Presidente de Contabilidade	Vice-Presidente de Serviços	Vice-Presidente de Recursos Humanos	Vice-Presidente de Direito Empresarial
Financeiro	Contabilidade	Serviços	Recursos Humanos	Direito Empresarial
↓	↓	↓	↓	↓
Departamento de Finanças	Departamento de Contabilidade	Departamento de Serviços	Departamento de RH	Departamento de Direito Empresarial

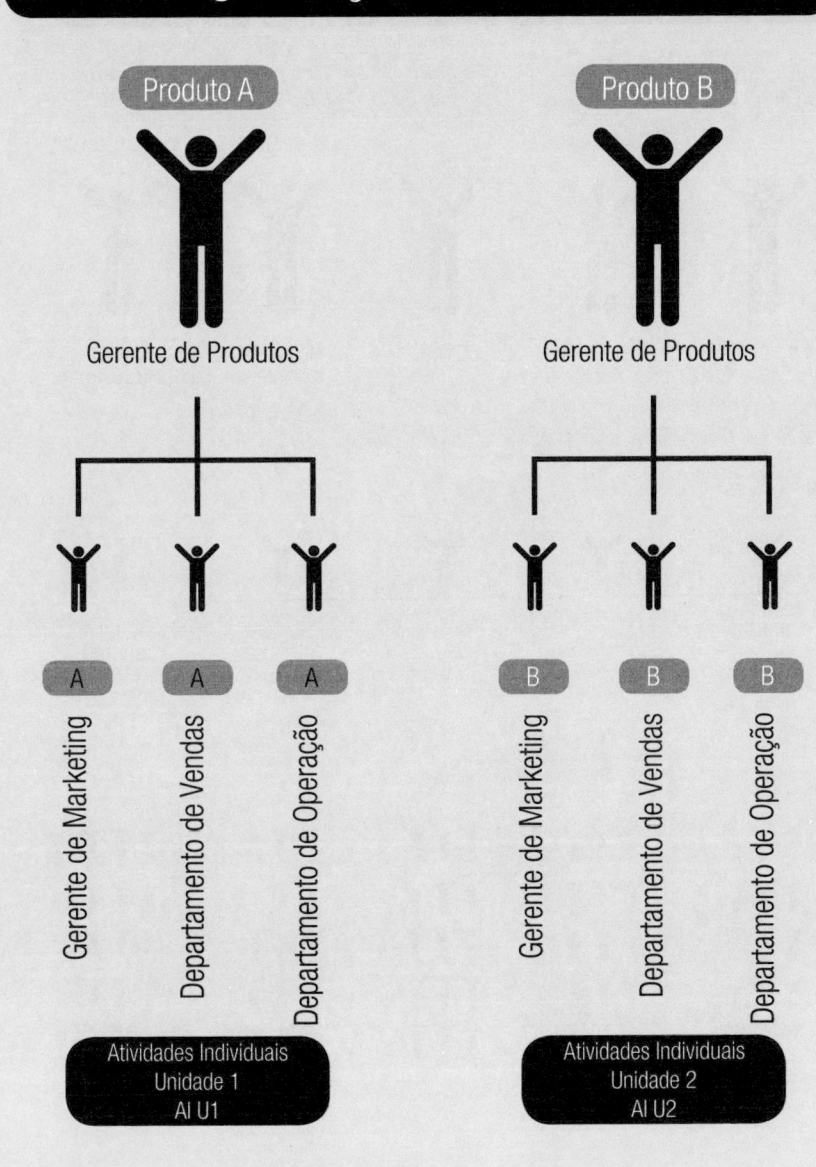

Organização de Produtos

Produto A

Gerente de Produtos

- A — Gerente de Marketing
- A — Departamento de Vendas
- A — Departamento de Operação

Atividades Individuais
Unidade 1
AI U1

Produto B

Gerente de Produtos

- B — Gerente de Marketing
- B — Departamento de Vendas
- B — Departamento de Operação

Atividades Individuais
Unidade 2
AI U2

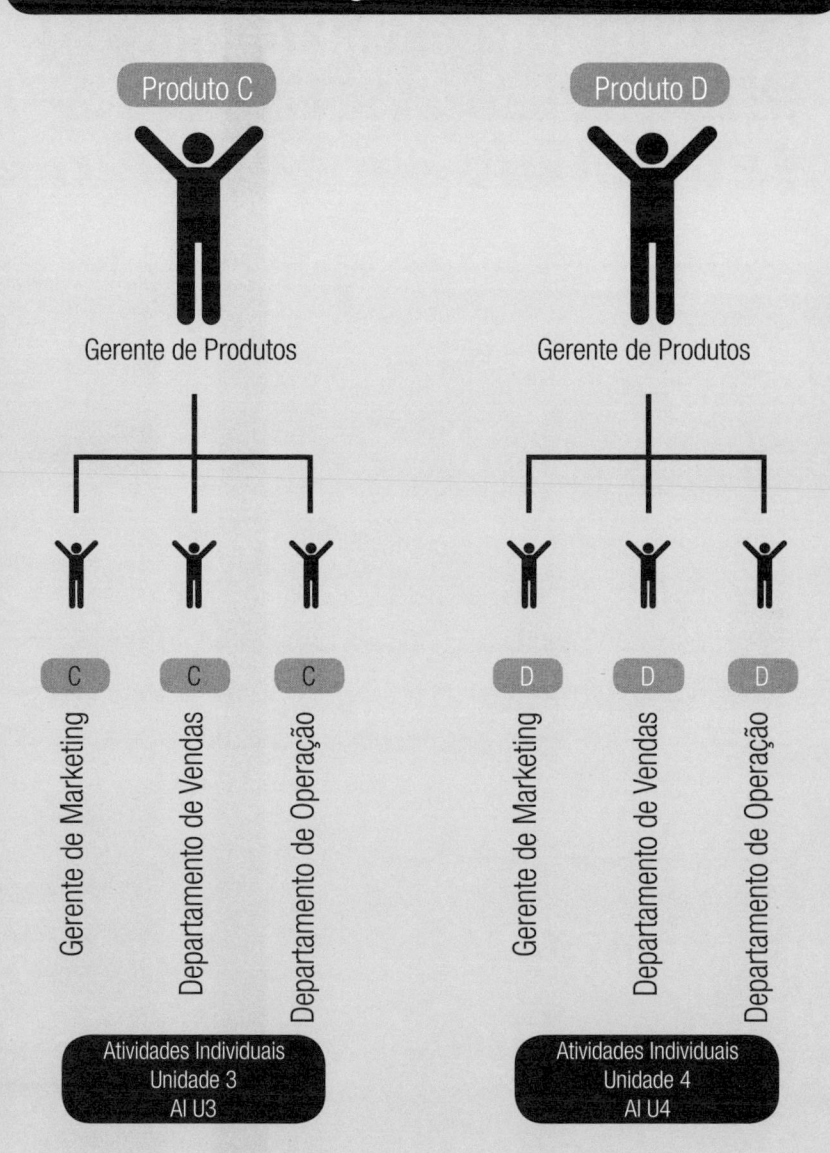

Organização de Produtos

Produto C
Gerente de Produtos

- C — Gerente de Marketing
- C — Departamento de Vendas
- C — Departamento de Operação

Atividades Individuais
Unidade 3
AI U3

Produto D
Gerente de Produtos

- D — Gerente de Marketing
- D — Departamento de Vendas
- D — Departamento de Operação

Atividades Individuais
Unidade 4
AI U4

Organização de Produtos

Uma empresa grande fornece vários tipos de produtos.

Algumas vezes, pode existir uma confusão entre gerenciamento, investimento, recursos humanos e métodos administrativos.

Logo, as operações devem ser divididas de acordo com os tipos de produtos para que seja fácil recordar dos resultados e indicá-los a cada departamento, na qual haverá um gerente ou um administrador de produtos que se responsabilizará pelos resultados e pela operação global.

Organização de Produtos

Produtos	Produtos de linha branca e de linha marrom	Artigos domésticos	Sistema de som
Xampu	Xampu com condicionador	Xampu anticaspa	Xampu 3 em 1
Sabonete	Sabonete para pele seca	Sabonete para pele oleosa	Sabonete rejuvenescedor
Espuma de limpeza facial	Espuma facial para meninas	Espuma facial coreana	Espuma à moda antiga
Pasta de dentes	Pasta de dentes contra cáries	Pasta de dentes refrescante	Pasta de dentes para mau hálito

Organização de Projetos

Uma grande empresa administra seu trabalho de acordo com seus projetos.

Cada projeto precisa de um administrador de projetos para assumir responsabilidades e decisões.

O administrador de projetos precisa ser sábio e saber como resolver problemas instantaneamente, pois situações inesperadas acontecem nos projetos.

Há vários tipos de projetos.
Às vezes, são inéditos, como os de construção, de aldeia e de resgate.

Alguns são temporários e servem para apenas uma ocasião, como para uma festa de Ano-Novo. Toda a equipe trabalha unida, e depois cada um segue com seus deveres.

Organização de Projetos

- Projeto de negócios
- Projeto residencial
- Projeto de resort beira-mar
- Projeto de condimínio fechado
- Projeto de resgate
- Projeto de resgate de incêndio
- Projeto de prevenção de enchentes
- Projeto de resgate de terremoto
- Projeto sem fins lucrativos
- Projeto de desafios
- Projeto de ocupação
- Projeto de criação de rins artificiais
- Projeto sem benefícios
- Projeto Sênior
- Projeto de estudantes
- Projeto de universitários
- Projeto educacional
- Projeto de publicidade
- Projeto ambiental
- Projeto benéfico

Organização de Matrizes

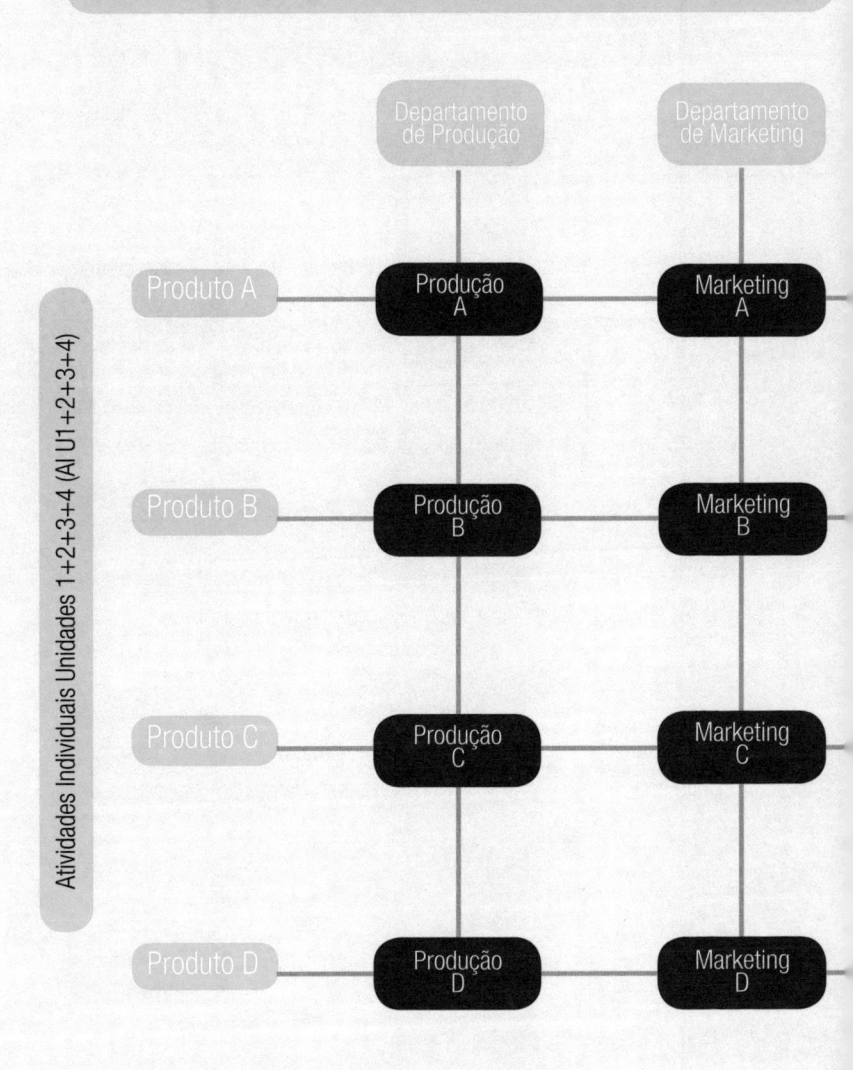

	Departamento de Produção	Departamento de Marketing
Produto A	Produção A	Marketing A
Produto B	Produção B	Marketing B
Produto C	Produção C	Marketing C
Produto D	Produção D	Marketing D

Atividades Individuais Unidades 1+2+3+4 (AI U1+2+3+4)

Organização de Matrizes

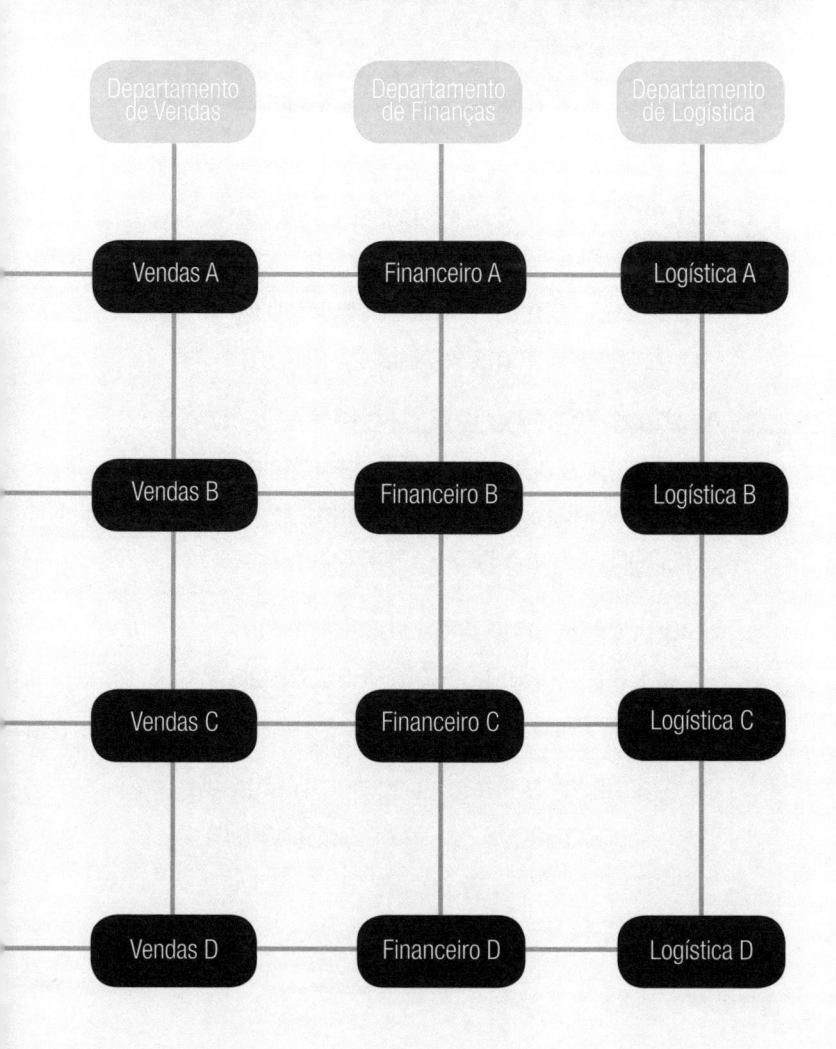

Departamento de Vendas	Departamento de Finanças	Departamento de Logística
Vendas A	Financeiro A	Logística A
Vendas B	Financeiro B	Logística B
Vendas C	Financeiro C	Logística C
Vendas D	Financeiro D	Logística D

Organização de Matriz

As empresas modernas possuem vários funcionários com diferentes habilidades trabalhando em meio à tecnologia, o que torna tudo ainda mais fácil.

As linhas de produção que costumavam fazer apenas um produto podem, hoje, produzir múltiplos tipos de artefatos com a ADMINISTRAÇÃO DE MATRIZES.

Os grupos de vendas que costumavam vender um produto podem vender mais com mais tipos de produtos.

Os executivos de marketing que costumavam anunciar apenas um produto podem ir além com vários tipos, graças à ADMINISTRAÇÃO DE MATRIZES.

> As complicações de trabalho
> pela variedade de produtos
> precisam de um sistema
> que seja minucioso
> e inteligente.
> Quanto mais complexo,
> mais preparado você fica.

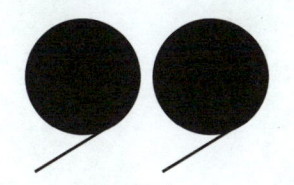

7

Administração Inovadora na Estrutura Organizacional

(para ser uma empresa moderna)

Revolução Industrial 1800 d.C.

5. Produto ou ready-made*
4. Montagem
3. Combinação de peças
2. Produção
1. Materiais

Foco na produção ou linha de montagem cujo método foi inventado por Frederick Taylor e Henry Ford, na época em que produziram o modelo de carro T na primeira linha de montagem. Esse procedimento segue a ideia da separação de materiais para depois montá-los e resultar em um produto perfeitamente finalizado. Para isso, cada parte da produção será manuseada por uma única pessoa.

* Ready-made é uma expressão criada pelo artista francês Marcel Duchamp, falecido em 1968, para designar objetos produzidos em massa, sem critérios estéticos e expostos como obras de arte. (N.E.)

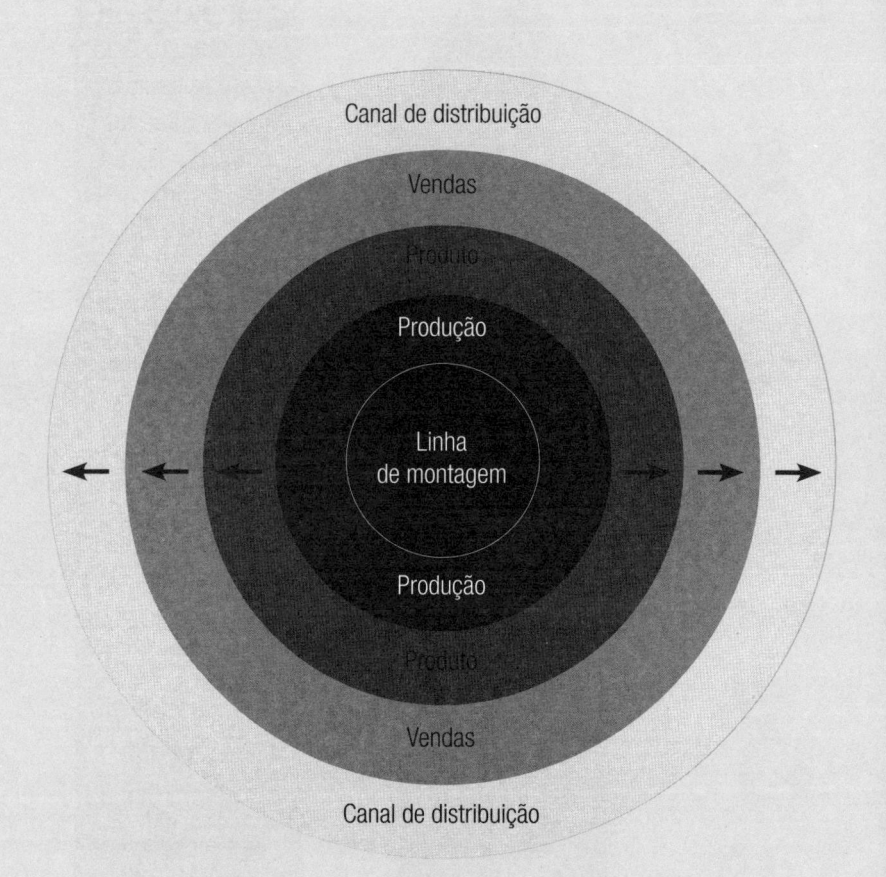

← ← Canal de distribuição
Vendas
Produto
Produção
Linha de montagem
Produção
Produto
Vendas
Canal de distribuição → →

Era da Publicidade

5 — Canal de distribuição
4 — Vendas
3 — Produto
2 — Produção
1 — Linha de montagem

Após o aperfeiçoamento das linhas de montagem, os produtos começaram a ser feitos mais rapidamente e com o mesmo padrão. Por volta de 1800, a produção de aço dos Estados Unidos era de 3 mil toneladas por ano, mas a Companhia de Aço de Andrew Carnegie melhorou o sistema com tecnologia e aumentou a produtividade para 11 milhões de toneladas por ano em 1900. Isso permitiu que as indústrias ao redor do mundo crescessem cada vez mais até o ponto em que a publicidade começou a ser requerida.

Era do Marketing

5. Influência
4. Vendas
3. Produto
2. Marketing
1. Clientes

Foco no consumidor. Tendo as necessidades do consumidor como desafio principal, é necessário criar a estratégia correta. Segundo alguns pesquisadores, a ideia moderna de marketing é baseada nas convicções dos clientes, ou seja, em suas NECESSIDADES e suas SATISFAÇÕES.

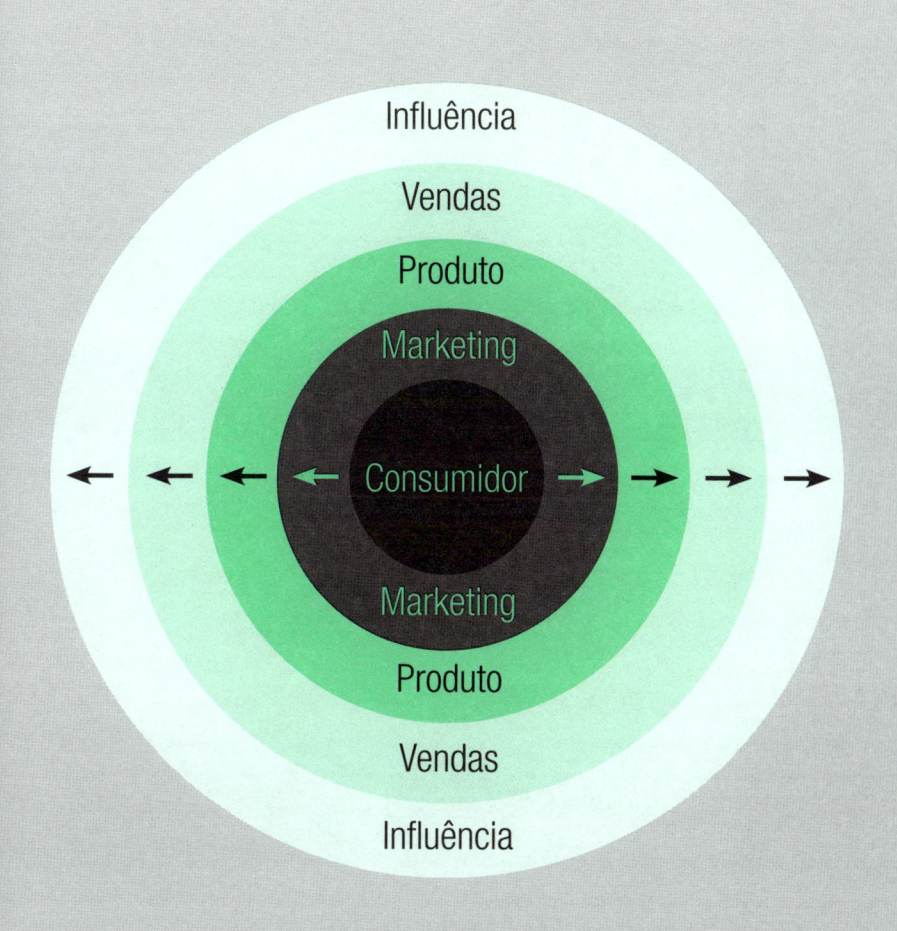

Influência
Vendas
Produto
Marketing
Consumidor
Marketing
Produto
Vendas
Influência

Pós-venda
Vendas
Produto
Marketing
Consumidor
Marketing
Produto
Vendas
Pós-venda

O método de marketing correto deve ser aquele baseado no consumidor e a melhor tática de pesquisa de marketing precisa ser quantitativa e qualitativa (ambas focadas em seu objetivo principal).

O marqueteiro de verdade precisa entender o consumidor antes de produzir qualquer artigo de valor; e não produzir primeiro para depois pensar qual seu público-alvo.

A razão da falha da maioria das empresas é que elas produzem coisas que são de sua especialidade, e somente depois é que pensam em como será o marketing. Esse era o modo de produção dos anos de 1700 (ver página 13), por isso os negócios baseados nele falhavam em pouquíssimo tempo.

PROGRAMAS DE TV / FOME / COMIDA / BEBIDA / SABÃO / XAMPU / XAMPU PARA CONTROLE DE QUEDA / PASTA DE DENTE / CHÁ VERDE / CHÁ DE ERVAS / SUPLEMENTOS / ROUPAS INFANTIS / ROUPAS DE TAMANHO GRANDE / ROUPAS DE MATERNIDADE / MP3 / APARELHOS DE SOM / COMUNICAÇÃO / COMPUTADORES / ETC.

Alguns produtos podem se aproveitar de lacunas do mercado, estratégias ou necessidade dos consumidores para fazer com que seu ramo cresça. Se você souber o que seu cliente deseja, a empresa crescerá muito, em um pequeno período de tempo, com um lucro considerável.

Qualidade da Administração
(para ter uma empresa de sucesso)

A medição da qualidade da organização administrativa é necessária para demonstrar o potencial da empresa e sua capacidade de comprovar resultados.

O que for categorizado, no quesito Produto e Serviço, como abaixo da média deverá ser melhorado. O desenvolvimento deverá vir de acordo com a importância do produto ou do serviço.

A competição pela qualidade administrativa corresponde à verificação dos padrões de operação e controle destes padrões para alcançar o crescimento regional, nacional ou internacional.

Uma organização deve fazer tudo para se desenvolver e poder competir com seus concorrentes.

Assim, a organização estará salva e estável, e sustentavelmente rentável.

Qualidade de Produto e Qualidade de Serviço

Serviço

	Ruim	**Bom**
Baixo	**1** Produto de baixa qualidade + Serviço ruim	**2** Produto de baixa qualidade + Serviço bom
Alto	**3** Produto de alta qualidade + Serviço ruim	**4** Produto de alta qualidade + Serviço bom

Qualidade do Produto

Sistema de Qualidade de Administração

Serviço

	Ruim	**Bom**
Baixo	Fechar os negócios ou Desenvolver a qualidade do produto + Desenvolver o serviço	Desenvolver a qualidade dos produtos + Manter o padrão dos serviços
Alto	Manter a qualidade dos produtos + Desenvolver o padrão dos serviços	Desenvolver a qualidade dos produtos para o mercado + Desenvolver o serviço além do padrão

Qualidade do Produto

Qualidade de Produto e Qualidade de Serviço

1) Produto de baixa qualidade + Serviço ruim

Sugestões
1. Desenvolver o produto de acordo com o padrão da indústria.
2. Desenvolver o serviço para o consumidor.
3. Manter o padrão após o desenvolvimento.
4. Comparar a qualidade do produto e o serviço na mesma indústria para avaliar os critérios.

Sistema de Qualidade de Administração

1. Se o foco da organização é no produto anunciado, a organização deve desenvolver o produto até que alcance padrões industriais.

2. O desenvolvimento de serviços, ou controle da equipe, é importante porque a qualidade depende do treinamento da empresa.

3. Os padrões devem ser aperfeiçoados de tempos em tempos e a equipe deve estar a par disso o tempo todo (porém, o padrão não pode ser tão elevado pois pode causar um sentimento de impossibilidade de alcance para a equipe).

4. Controle cada etapa do processo, demande relatórios de cada departamento e solicite que o chefe de cada um entregue-os para a administração superior.

Qualidade de Produto e Qualidade de Serviço

2) Produto de baixa qualidade + Bom ruim

Sugestões
1. Desenvolver o produto até que alcance padrões industriais.
2. Controlar e manter o padrão dos serviços e sempre melhorá-los.
3. Manter o padrão melhorado e desenvolvê-lo.
4. Comparar a qualidade dos produtos e dos serviços na mesma indústria para avaliar os critérios.

Sistema de Qualidade de Administração

1. Se o foco da organização é no produto anunciado, a organização deve desenvolver o produto até que alcance padrões industriais.

2. O desenvolvimento do produto, ou padrão de qualidade, é importante porque a qualidade do produto depende do padrão de produção.

3. Os padrões devem ser aperfeiçoados de tempos em tempos e a equipe deve estar a par disso o tempo todo. Um exame de qualidade deve ser realizado pela equipe e informado por relatório ao chefe de departamento.

4. Mantenha o padrão de serviço para que ele tenha a tendência de somente melhorar.

Qualidade de Produto e Qualidade de Serviço

3) Produto de alta qualidade + Serviço ruim

Sugestões
1. Mantenha os padrões do produto.
2. Desenvolva e melhore os padrões de serviço.
3. Mantenha o padrão aperfeiçoado e vá além disso.
4. Compare a qualidade do produto e do serviço na mesma indústria para avaliar os critérios.

Sistema de Qualidade de Administração

1. Melhore os padrões do produto por meio da pesquisa e do desenvolvimento (P&D); a organização deve desenvolver os produtos em âmbito internacional.

2. Serviço de desenvolvimento, ou controle de qualidade, é importante porque a qualidade do serviço assim como o padrão podem ser mensurados e controlados pelas reclamações dos consumidores.

3. Os padrões devem ser aperfeiçoados de tempos em tempos e a equipe deve estar a par disso o tempo todo.

4. Controle cada etapa do processo, demande relatórios de cada departamento e faça com que o chefe de cada setor relate a seus superiores.

Qualidade de Produto e Qualidade de Serviço

4) Produto de alta qualidade + Serviço ruim

Sugestões
1. Mantenha os padrões do produto.
2. Desenvolva e melhore os padrões de serviço.
3. Mantenha o padrão aperfeiçoado e vá além disso.
4. Compare a qualidade do produto e do serviço na mesma indústria para avaliar os critérios.

Os seres humanos têm administrado por milhares de gerações, mas ainda não entendem o significado de unidade.

Seres humanos inteligentes e bons compreendem o que é unidade e fazem boas ações pela sociedade.

Seres humanos inteligentes, mas ruins sempre tentam tirar benefício das coisas para que possam servir a seu egoísmo.

Os animais se matam pela sobrevivência.

Os humanos se matam pelo poder.

Qualidade de Produto e Qualidade de Serviço

5) Produto de alta qualidade + Bom serviço

Sugestões
1. Mantenha o produto em seu padrão.
2. Crie uma nova linha e aumente as vendas.
3. Mantenha as melhorias e as faça progredir.
4. Compare a qualidade do produto e do serviço na mesma indústria para avaliar os critérios.

Sistema de Qualidade de Administração

1. Aperfeiçoe o padrão de produção com uma nova linha de produtos para pesquisa de mercado; a organização deve desenvolver o produto com um nível internacional.

2. O desenvolvimento de serviços, ou controle de qualidade, é importante porque a qualidade do serviço assim como o padrão podem ser medidos e controlados pelas reclamações dos consumidores.

3. Os padrões devem ser aperfeiçoados de tempos em tempos e a equipe deve estar a par disso o tempo todo.

4. Controle cada etapa do processo, demande relatórios de cada departamento e faça com que o chefe de cada setor relate a seus superiores.

Este livro foi composto nas fontes Arial Black, Futura e Helvetica Neue LT Pro,
e impresso em papel *Offset 90 g/m²* na Assahi.